必ず取れる
商標権!

# 中小企業・
# 個人事業主の
# 商標登録
# ガイド

原田貴史 著

セルバ出版

# はじめに

出所：特許庁「特許行政年次報告書 2018 年版」より作成

ＰＰＡＰ（Pen-Pineapple-Apple-Pen）や民進党の商標が他人に申請されたりなど、商標権に関するニュースを目にする機会が増えています。

実際に、ＥＣサイト（自社の商品やサービスをネット上の独自運営のウェブサイトで販売するサイト）や個人事業主が増加する中で、商標権に関する問題は顕在化してきており、弊事務所にも多くの相談が寄せられています。

商標登録の出願件数についても、ここ数年で激増しており、とくに、中小企業・個人事業主を中心に商標登録に対する意識も高くなってきています。

例えば、日本における商標申請数は、上図のように２０１６年度は、16万１８５９件だったのに対し、２０１７年度は、19万９３９件と2割近く増加しています。

一方で、「商標を申請したけれど、商標権を取得できず、逆に警告状が送られてきた」「申請をして商標権を取得できたが、権利が穴だらけで、穴の部分を他社に権利を取得された」「代理店に無断で商標権を取得された」などの声を多く聞きます。

このように、商標申請をしたことのない中小企業・小規模事業者にとって、商標などの知的財産については、制度が複雑なこともあり、まだまだ馴染みがありません。

一方で、他社から警告状を送られてしまうと、ブランド名や会社名を使用できなくなってしまうような事態になり、事業に甚大なダメージを与えることがあります。

本書は、商標に馴染みのない方であっても、商標の申請から権利取得、また、権利取得後の管理方法までかみ砕いて説明しています。

本書が、一般読者にとってよりわかりやすく、とくに中小企業・個人事業主が安心してビジネスを継続可能にするための情報提供ができるものになれば幸いです。

2019年1月

原田　貴史

必ず取れる商標権！　中小企業・個人事業主の商標登録ガイド　目次

はじめに

序　章　商標権登録する意義（基礎知識）

1　商標登録するメリットは4つある！・10

2　商標権の財産的価値・14

第1章　商標申請をしないことによって起こった悲劇

1　商標権を取得しないことによって起こる4つのリスク・18

2　実際に起こったトラブル・25

3　警告状が来た場合の対処法・33

## 第2章　商標申請をしたいと思ったら（基礎知識）

1　登録可能な商標の種類は11ある・38
2　他人の登録商標と似ていると商標登録できない・48
3　商標申請前に知っておくべき3つの類似性とは・52
4　商標登録前に選ばなければならない商標の「区分」とは・60
5　商標申請を個人名義と法人名義のどちらですべきか・66
6　一般的な名称は商標を取れない・68
7　国家資格の資格名を含む商標は登録できない・71
8　ロゴと文字、どちらで商標申請する──それぞれのメリットとデメリット・72
9　出願した商標は変更できる？・80

## 第3章　商標申請の流れとスケジュール

1　商標申請から登録までのスケジュールと発生する費用・88

2 商標申請から登録までの全体のスケジュール・91
3 弁理士が申請をリポートする場合は時間短縮になるか・95

## 第4章 商標申請書類作成ガイド・マニュアル

1 文字の商標調査の方法・98
2 図形の商標調査の方法・109
3 指定商品・役務の選び方・126
4 商標申請の願書の書き方・131
5 早期審査請求書の書き方・133
6 拒絶理由通知への対応方法・136
7 商標登録料納付書の書き方・144

## 第5章 商標申請の実例でコツをつかもう！

1 ＥＣショップにまつわる商標のトラブル・150
2 化粧品の名前の商標申請・157

3　協会名、資格名の商標申請は重要！・161
4　ネイルサロン、美容サロン、治療院の商標申請・165
5　会社名の商標申請について・167

## 第6章　商標権取得後の商標管理

1　商標権の管理・178
2　ドメインの保護・180

あとがき

# 序章　商標権登録する意義（基礎知識）

# 1　商標登録するメリットは4つある！

商標申請数は、年々増加しているのはご存知でしょうか？　はじめにでもご紹介したように、2017年は、2016年よりも申請数が2割程度増加しています。

とくに、中小企業・小規模事業者による申請が増加しています。商標に関する権利意識が、大企業のみならず、中小企業・小規模事業者に広がってきている傾向が現れているといえます。

一方で、中小企業・小規模事業者には、商標とはどんなものなのかについての認識が、外国に比べるとまだまだ浸透していないといえます。

「商標権を取得していないことで、警告状が届いた」「自分の店と間違えて近隣のライバルの店にお客様が行ってしまった。そのクレームが自分のところに入った」という相談は、良くあります。また、「重要なのは何となくわかるけど、費用をかけてまで申請する必要があるのか？」という中小企業・小規模事業者がまだまだ多いという現状があります。

商標登録するメリットは4つあり、まずは、それぞれについて解説していきましょう。

**メリット1：名称を安心して使用できるようになる**

商標権を取得した名称については、商標権者のみが使用できるようになります。商標権者のみが使用できるということは、他人はこの名称を誰も使用できないということです。

また、他人が同じ名称で商標権を取得することができないため、他社から商標権を侵害していると言われなくなります。

一方で、「自分が考えた名称を自分が先に使っているのだから、文句を言われる筋合いがない」と考える方もあるでしょう。

しかし、そのようなことはなく、例え自分が先に名称を使用していたとしても、先に他人に商標権を取られてしまえば、後の祭りです。

例えば、私のクライアントの中には、先に商標を使っていたのに、しばらくしたら似た名称を使っている競合からいきなり警告状が届いたという事例があります。

サービスを開始したばかりだからといって油断できません。ある税理士の方は、開業した直後に、商標権侵害で訴えられ、その賠償額が1，０００万円だったということが実際にありました。

このケースでは、1，０００万円という損害賠償の支払いができず、最終的には、会社をいったん畳むということになりました。

このように、他人の商標権を侵害してしまうと、名称の変更を余儀なくされるのはもちろんのこと、会社自体を廃業する（いったん畳まざるを得ない）という事態になりかねません。

攻撃は最大の防御というように、商標権を取得することは、経営上のリスクを排除するために重要であり、予期しない損害賠償や使用の差止めなどの問題を避け、安定して事業を継続できるというメリットがあります。

**メリット2：他社に自分の商標の使用をやめさせることができる**

商標権を取得することで、自分の商標を他社が使用している場合、使用の中止を請求できるようになります。

自分の商品・サービスの認知度が向上してくると、商品名やサービス名が真似されるということがあります。また、認知度が向上しなくても、良いネーミングであるほど真似されやすいという性質があります。これは、特に、美容院関係のＥＣの分野で多いです。

商標権が侵害される場合のケースとして多いのは、自分の商標をインターネット上で使用されることです。

昨今は、インターネットの普及に伴い、何となくネットサーフィンをしていたら、自分の商標が真似されていることに気づくことが増えています。

もし、自分の商標が侵害されていることを見つけた場合、警告文をメールなどで相手に送付することで、インターネット上から自分の商標を含むＷｅｂページの削除を請求することができます。

**メリット3：ＳＥＯ（検索エンジン最適化）の効果**

これまで説明してきたメリットは、商標権を所有することによる直接的なメリットです。他の副次的に発生するメリットとしては、意外と知られていないのですが、商標権を取得することで、権利化したワードについて、ＳＥＯの効果があるケースがあるということです。

なぜ、ＳＥＯの効果があるのかというと、商標権を取得することで、サイトの紹介文を検索ユーザーおよびロボットに伝えるＭＥＴＡタグの削除を請求できます。なお、ＭＥＴＡタグとは、Ｗｅｂページの情報を検索エンジンやブラウザなどに伝えるタグのことです。

これによって、商標権を取得したワードで検索した場合に、自分以外のサイトがヒットしない状態をつくれます。そして、自分の商標が記載された他者のＷｅｂページが実質的に存在しなくなるため、自分の商標などで検索した場合に、ご自身のページを最上位に表示させることが可能になります。このように、商標権も活用の仕方によっては、ＳＥＯの効果も得ることができます。

### メリット４：ブランディング効果

商標権を取得することで、国家からお墨付きを得たしっかりとした企業活動をしているという印象を持ってもらえるため、取引先や顧客などの信用度が向上します。

また、名刺などに®マーク（登録商標の意味です）をつけることができますので、商標権を取得していることを多くの方に認識してもらうことができます。

さらに、商標権を取得することで、他社の商標権を侵害していないことの裏づけにでき、他社とのアライアンスを組みやすくなるというメリットがあります。

とくに、販売のパートナーとして大企業とアライアンスを組むには、商標権の取得の有無が条件となることが少なくありません。商標権を取得していない場合、販売している商品が急に販売できなくなったりなどのリスクがあります。

このようなリスクを大企業はとくに嫌う傾向にあるためです。

そのほか、アマゾンのブランド登録については、商標権の取得が前提条件となっています。アマゾンのブランド登録をすることで、自動削除機能により、侵害の疑いがある商品などを自動で削除申請可能になります。これによって、模造品を排除可能になり、自社の市場と、ブランドイメージを守ることができ、事業を優位に展開できます。

また、製品の商標であれば、製品のパッケージに表示されることが多いですが、自分の商標を使用している他社製品が存在した際には、これら製品を廃棄するように請求することが可能になります。

これにより、自分の商標をつけた他社製品が市場に存在しない状態にでき、ブランドによる競争力を維持できます。

## 2　商標権の財産的価値

次に、商標権の財産としての価値について、解説します。

## バッファリンの例

商標権ですが、法律的には、土地や不動産などと同じように物権と呼ばれ、財産としての価値の対象になります。

当然、商標権も土地や建物と同様に、売買の対象となります。

商標権の売買は、例えばＭ＆Ａの際に行われます。

２００７年にライオン株式会社がバッファリンの商標権を買収した例がありました。

その際、ライオン株式会社は、米製薬大手ブリストル・マイヤーズ・スクイブから「バッファリン」の日本と、アジア、オセアニア地域での商標権を３０４億円で買収したのです。

このような膨大な額で買収される理由ですが、バッファリンというブランドが、解毒鎮痛薬として有名だったからに他なりません。

また、ライオン株式会社がバッファリンを販売するには、商標権を購入することが必須だったという実情もあります。

このように、事業とブランド、そして、商標権とは切っても切り離せない関係にあり、事業を開始する際に売買されることがあります。

【登録番号】第1996897号

BUFFERIN

### 東京ガールズコレクションの例

２０１５年、ファッションショーなどで有名な東京ガールズコレクションの商標権が、８億円で株式会社ディー・エル・イーに譲渡された例もあります。

バッファリンの例も含め、これらは非常に稀な例ではありますが、このように商標権が高値で売買されるということも実際にはあります。

【登録番号】第 5006411 号

TokyoGirls Collection by girlswalker.com

東京ガールズコレクションの商標権の事例についても、この商標に強いブランド力があったからといえます。強いブランド力がある商標を付けるだけで、顧客の目を引き、商品の販売が容易になるという実情があります。

東京ガールズコレクションのブランドについても、美に関する情報の発信源として20～35歳の女性なら94％が知っているという著名なものでした。

# 第1章

# 商標申請しないことによって起こった悲劇

## 1　商標権を取得しないことによって起こる4つのリスク

商標登録は、ブランド保護、取引先からの信用度の向上など、ビジネスに大きなメリットをもたらすものですが、一方で、登録しなかった場合のリスクもあります。

商標登録をするとなれば、登録に際して手数料が発生してしまったり、登録が無事に完了した後でも管理と運用のために手間が生じてしまうものの、これらを考慮しても、商標登録しないことによるデメリットのほうが大きくなるケースもあります。

### リスク1：一般名称化するリスク

その中でも自分が考案したオリジナリティが高い文言やフレーズなどが、一般的な名称に成り下がってしまうというリスクがあります。

過去にあった有名な事例では、胃腸薬で有名な大幸製薬の「正露丸」が一般名称化したということがありました。

これによって、「正露丸」の商標登録は、取り消されてしまいました。

現在では、和泉薬品工業など複数の会社からも「正露丸」の名前が使われる状況になっています。

正式に商標登録をしないということは、せっかく築き上げたブランドが、まるでフリー素材のような様子になっていると言っても過言ではない状況といえます。

大幸製薬の「正露丸」については、その後、ラッパのマークと組み合わせた広報活動によって、現在のような形になっています。

いったん一般名称化すると、このように他の内容（ラッパのマークなど）と組み合わせたブランディングを再度やり直さなければならない事態にもなりかねないのです。

また、名称やパッケージが変われば、中身が同じものでも、最初は手に取っていただけなくなってしまう可能性もあります。

こうした事例は決して珍しいことではなく、既に世の中に存在していて人々が一般的に使用しているあらゆる物にも当てはめて考えることができ、書類を纏める際の文具の中でも比較的使用頻度が高いホッチキスも例外ではありません。

なお、過去に一般名称化した商標としては、次のようなものが挙げられます。

・うどんすき
・巨砲
・ホームシアター

商標権を取得することで、他人が商標を無断に使用することを中止させることができるようになりますが、他人が商標を使用することを中止させることで、上述したように一般名称化することを抑制できるようになります。

## リスク2：損害賠償や使用料を請求されるリスク

既に高い認知度があっても、先に登録されてしまうと、仮に老舗であっても、損害賠償請求がされるリスクがあります。

このような事態になってしまうと、先に使っていた側としては、不満を持たれたり、理不尽に感じられるかもしれません。

もしも、馴染みのある名称を継続して使い続けたいと考えている場合、相手に対し使用料を支払って使い続けるということは可能です。

使用料の相場は、おおむね売上の1・5％～3・5％ほどですが、大きな負担になるといえます。

## リスク3：他人に自分の商標を真似されることによるリスク

ある起業家の方ですが、事業を始め、内容が具体的になり、少しずつであるけれども仕事が進むようになってきました。SNSなどを通じての認知度も高まっていき、これで少しは落ち着くかなと肩の力を抜いたある日のことです。

何となくインターネットでいつもどおりに記事を検索していたら、ある業者のWebページを発見します。そこには、自分が提供しているサービス名と全く同じ名称が使用されていました。しかも、事業のコンセプトもそっくりです。

「ウチのサービス名が真似されている！」とその方は大変驚きました。

明らかに知名度が上がっていつつあるサービス名をそのまま横取りされていると思ったとき、ほとんどの方は、

・許せない、少しでも早くサービス名の使用をやめて欲しい
・相手に先に商標申請されたらどうしよう…
・もし相手に商標権を取られたら、せっかく知名度が上がってきたのに、事業自体を撤退せざるを得ないのか
・訴えられたらどうしよう…

と考えます。

とくに、他人に先に商標申請をされ、その後、商標登録されてしまうと大変です。例え先に商標を使用していても、逆に訴えられてしまうリスクがあるからです。

実際に、先に使っていたサービス名を他人に取られ、その後、警告状が送られてきたという事例があります。この件では、結果として長年使っていたサービス名を変更せざるを得なくなってしまいました。

こうした例以外にも、見込客が、自分と間違えて他人のサービスを購入してしまった、さらに、そのサービスの品質が悪く、自分の会社に苦情が来たなどの実例があります。

他人に商標を真似されている場合、まず初めにやるべきことは、この商標が自分以外から申請されていないことを調査することです。

仮に、誰も自分の商標を申請していない場合は、速やかに商標申請を行うことが重要です。

商標申請を行い、サービス名・商品名について商標登録を受けることで、次のことが可能になります。

・サービス名・商品名の使用の中止：例えば、Ｗｅｂページからサービス名の削除を要求。
・損害賠償請求：真似されることによって被った損害賠償を請求。
・信用回復の措置：新聞などのメディアへの謝罪を要求。

なお、急いで商標を登録したい。権利化させたい、そんなときに「早期審査」という制度があります。通常の審査結果が、商標申請から９か月ほどの時間がかかるのに対し、早期審査請求をすることで、審査期間を約３～４か月に短縮できます。

## リスク４：自分が商標を使えなくなるリスク

他人に商標権を取られてしまうと、その商標を使用できなくなるリスクがあります。

仮に、商品名やサービス名について先に商標を使っていても、後発の他人に商標を取られてしまうということもあります。

その場合、商標権者から、製品の廃棄や損害賠償の請求をされてしまうことも少なくありません。

また、せっかく市場で認知を得た名称を使えなくなってしまうというリスクがあります。

これらのケースでは、ブランディングを1からやり直しという事態になりかねません。

例えば、事業を始めてしばらくたったある日、A氏に1通の郵便が届きました。ハンコを押して受け取ったその手紙を開けて見ると、表題には「警告状」と書いてありました。ちなみに、表題には、「警告状」ではなく「通知書」と記載されていることもあります。

弊事務所も、「商標を侵害しているという書面が届いたけれど、どうしたらいいのか」というご相談を年に数回いただきます。

前述のケースでは、A氏はとても困惑されている様子でした。いきなりそんな書面が来たら驚かれるのも当然かと思います。

警告状の内容としては、商品の廃棄とともに、今後の商標の使用の停止を要求するものでした。また、これまでに生じた損害の賠償を請求するというものでした。

そもそもこのような警告状は、どんなときに届くのでしょうか。

警告状の差出人は、商標権者か、その代理人（弁理士または弁護士）であることがほとんどです。商標権者は、自分が登録した商標と同じ、または似ている名称（ロゴ）を他人が同じサービスや商品に使用していることを知って、「使用を止めさせたい」と思ったときに警告状を作成し、送付してきます。

使用を止めさせたいと思う、ということは、例えば、あなたがその商標を使用している事実が、業界内でメジャーになってきた場合に、警告状が来ることがあります。

こちらは、例えば、雑誌などの媒体に取り上げられた、人のブログ内でよく紹介されているなどによって、あなたが商標を使用していることが商標権者に知られた場合に、警告状が来ることがあります。

また、その商標でインターネット検索をすると、上位に表示される場合にも、警告状が来ることがあります。

いずれにしても、人の目に触れやすくなるのに比例して、警告状が来る可能性が高くなるといえます。つまり、事業が軌道に乗ってきたタイミングで、警告状を受け取ってしまう可能性が高いのです。

別の理由として多いのが、あなたが提供している商品・サービスが、商標権者の商品・サービスと間違えられた場合に警告状が来ます。

以前、「白い恋人」の商標権を保有する石屋製菓が、「面白い恋人」を使用する吉本興業を訴えた事件が話題になりました。一部の方の中には、「たかがパロディ商品で、笑いを取るためのものだから目くじらを立てることはない」と感じられた方もいらっしゃると思います。

しかし、最終的に訴訟にまでなったのは、「面白い恋人」を「白い恋人」と間違えて購入したという苦情が、商標権者である石屋製菓に寄せられたことが発端となっています。

このような苦情が寄せられると、商標権者側としては、自らが長年培ってきたブランドイメージが損なわれるのではないかという点を不安に感じます。そして、ブランドイメージを守るためにも、警告状を出すという決断をするようになります。

警告状は、普通、簡易書留や内容証明郵便といった直接受け取る形で届くことがほとんどです（最近は、電子内容証明を使う方もいます）。

本文には、「あなたの使用している商標は、私の登録商標と同一だから使用を止めるように」といった内容と、侵害している登録商標と登録番号が記載されています。

このように、使用停止の要求だけが示されている警告状もありますが、次の内容を求められることもあります。

・警告状に対する誠意のある回答（回答期限あり）
・商標がついた商品の全部廃棄、過去の写真等の全部削除（期限あり）
・廃棄や削除を行った証明書類の提出
・和解金の支払い

状況によっては、回答や削除期限が短く設定されてしまいます。

また、和解金が高額というケースもあります。

## 2　実際に起こったトラブル

### 治療院の事例

A治療院は、横浜と、東京都内の２店舗を運営していました。この治療院は、院長の腕が素晴らしく、口コミと紹介で新規顧客を次々と獲得している状況でした。

ある日、A治療院を紹介したところ、近くの似た名前の接骨院Bに間違えて行ってしまうということがありました。

別の日には、この治療院Aの紹介を受けた方から、東京のA治療院に行ったものの、聞いていたのと全然違うサービスが提供されたという苦情が寄せられました。

A治療院の院長は、同じような苦情が何件か寄せられましたので、おかしいなと感じて調べてみると、東京の店舗と同じエリアに、ほとんど同じ名前のB治療院があり、そこに間違えて紹介者が行っているとのことでした。

A治療院の院長は、自分のほうが先に治療院の名前を使っていたのに、名前を真似され、しかも顧客から苦情まで寄せられているという状況に怒りを覚えました。

何とかして、紛らわしい名前の使用を中止させたいと考えたA治療院の院長は、商標権を取得することを決めました。

そして、弊事務所に商標申請したいとの依頼があり、申請を行い、順調に商標権を取得できました。

商標権を取得したA治療院の院長は、B治療院に対し、商標権を侵害している旨の警告状を送付しました。

B治療院は、名称変更を余儀なくされ、ホームページ（以下ＨＰ）のデザインから店の看板までをすべてを変更することになりました。

同時に、Ｂ治療院がこれまで地元で築き上げてきたブランドイメージや、顧客からの認知度も失うことになってしまいました。

さらに、損害賠償請求もされており、商標の使用を差し止められた後には、ＨＰ、看板や、チラシなどをつくり直す費用も発生することになります。

このような状況になれば、事業の継続自体が危うくなってしまいます。

## 台湾の代理店に勝手に商標申請された

世界数か国でアパレル用品を販売するデザイナーの方がいました。当初、アパレル用品は、日本でのみでしか販売していませんでしたが、現在では、世界10か国以上で販売しています。

日本以外に製品を展開する場合、現地の販売代理店を通じて製品を販売することが多いという実情があります。この方も日本以外では、現地の代理店を通じて製品を販売していました。

ある日、代理店契約を交わしたばかりの台湾の代理店が、勝手に自分のブランドの商標申請をするということがありました。

その代理店が商標申請をした目的は、代理店契約の内容を、今後、有利にしたり、いざとなったら高値で商標権を売りつけるというものでした。

このまま商標が登録になった場合、代理店に好きなように商標を使用されてしまうということにもなりかねません。また、仮に、品質が低い模造品に、自分の商標（ブランド名）をつけて販売された場合、ブランド価値自体が下がってしまうということにもなりかねません。

その方は、急いで台湾に商標を申請するとともに、台湾での代理店の申請を取り消すための準備を開始しました。

**語学学校の事例**

A語学学校に対して、B語学学校から警告状が送られてきました。

警告状には、「間違えて問合せが来る。名前が紛らわしいから、名称の変更を要求する」との記載がありました。

このケースでは、A語学学校はB語学学校よりも先に語学学校の名称を使用していました。しかし、B語学学校が先に商標権を申請してしまったため、商標権者はB語学学校となってしまったのです。

このように、商標の世界は、早い者勝ちであるため、先に名称を使用していても、後発の業者から逆に警告状が送られてしまうということがあります。

このケースでは、結局、A語学学校は、名称を変更せざるを得ない事態となりました。

**アプリケーション開発会社の事例**

新しく設立したばかりのAアプリケーション開発会社ですが、自社で提供するアプリケーションの名前を考えました。

自分で考えたサービスの名前と、登記している会社の名前とが同一であり、また、非常に思い入れがある名前だったため、Aアプリケーション開発会社は、商標権を取得したいと弊事務所まで連絡がありました。

ところが、調べてみると、B広告会社がアプリケーションの分野で全く同じ名前で商標権を取得していることがわかりました。そのため、弊事務所としては、現状のままでは商標権の取得は難しいとの回答をしました。

結局、Aアプリケーション開発会社は、サービスの名前を考え直すことになりました。社名そのものは、いったん登記してしまっていたため、変更することは容易ではなく、他社に商標権を取得された名称を、警告状が送られるリスクを伴いながら使い続けざるを得ない状況になってしまいました。

**飲食店の事例**

中華料理店を営んでいるDさん、小さい店舗ながらも非常に繁盛しています。ある日、商標権を侵害している旨の警告状が、中華料理店を多店舗展開するV社から内容証明郵便で届きました。

警告状には、グルメサイトで、自社の商標権を使用しており、商標権の侵害に該当する旨の記載がありました。また、使用を中止するとともに、損害賠償金を請求する旨の記載がありました。

V社の商標権は、「○○バル」という一般用語と思われるものでした。Dさん以外にも「○○バル」という表示をしている店が多数存在しています。Dさんとしては、一般的な用語を使っているだけで商標権の警告状を送られることに違和感を感じる一方で、看板などの表記をつくり替えたり、損害賠償金を支払うことに抵抗を覚えました。

Dさんは、その後、弊事務所に相談に来られました。普段、冷静なDさんにしては珍しく、非常に焦っておられるようでした。このように警告状が来ると、ほとんどの方は、非常に不安を感じます。

この事例の場合は、「○○バル」そのものは、誰もが使える一般用語であり、商標権の侵害には該当しないという回答をV社に対しては可能です。

また、「○○バル」以外にDさんのお店が実際に使っている商標について商標権を取得することで、「自分が商標権を持っている商標を使っているのだから商標権の侵害には該当しない」という回答も可能です。

2度と今回のような目にあいたくないと考えたDさんは、店舗の名称について商標権の取得を希望されているとのことでしたので、早急に商標権の申請をするとともに、V社に対する回答を行うという処置を取ることになりました。

**アクセサリーショップの事例**

埼玉県でアクセサリーショップを運営するTさんに、大手のアクセサリーショップのX社から、商標権を侵害している旨の警告状がメールで届きました。

警告状には、「Ｔさんが販売するアクセサリーと、Ｘ社が販売するアクセサリーとが実際に顧客から取り間違いが起こっており、非常に迷惑をしている。Ｔさんがつくったアクセサリーをすべて廃棄するとともに、損害賠償金の支払いを求める」との記載がありました。警告状からは、Ｘ社の代表者の怒りが伝わってきました。

Ｔさんが使用している商標と、Ｘ社の商標とは全く同じものであり、商標権の侵害は免れない状況でした。Ｔさんは、Ｘ社からの言われるがままに、名称を変更してアクセサリーを販売することになりました。

損害賠償金については、Ｔさんの売上自体がＸ社の事業規模に比べるとかなり小さかったこともあり、減額が可能というアドバイスをさせていただきました。

その後、Ｔさんは、変更後のブランド名について商標権を取得し、現在は、商標権を取得したブランド名を使ってアクセサリーの販売を行っています。

**コンサルタントの事例**

商工会議所で営業のセミナーをすることになったコンサルタントのＵさんは、「○○営業法」というタイトルのセミナーを開催することになりました。

ＨＰ上でセミナーの募集を開始してから数週間後、Ｕさんのところに別のコンサルタントから商標権を侵害している旨の警告状がメールで届きました。

警告状には、「○○営業法は自分の登録商標であり、とても思い入れがある。使用を中止してくれれば、商標権を侵害したことは水に流し、不問にします。1週間以内にHP上で使用されていない状態にしてください」と記載がありました。

Uさん自体は、悪気はなかったため、非常に驚いたものの、警告状に書かれている内容に従い、HPから○○営業法という言葉を消去しました。

**化粧品メーカーの事例**

C社は、半年前に立ち上がった化粧品メーカーです。開業以来、化粧品の販売が好調で、売上も右肩上がりでした。

とくに、化粧品の分野では、商標権に関するトラブルが多いことを知っていたC社の代表は、化粧品のブランド名について商標申請を済ませていました。

商標申請をしてから8か月後、C社のところに、申請していた商標については登録をすることができない旨の通知が特許庁からありました。

詳細を確認すると、何と似たブランド名について、競合のE社に数日前に先に申請されており、そのことが理由で登録を受けられないとのことでした。

その後、追討ちをかけるように、商標権を登録したE社から、商標権を侵害している旨の警告状が届くという事態になりました。

このままＣ社が、化粧品のブランドについて商標を使用できないということは、せっかく販売が好調な化粧品の今後の売行きに大きく影響してしまいます。

このように、商品・サービスの人気が出れば出るほど、この名前を使えなくなった場合の企業のダメージは大きくなってしまうのです。

## 3　警告状が来た場合の対処法

前述の事例のように、万が一、警告状を受け取ってしまったら、慎重な対応が必要です。

具体的には、次のような流れで対応していきます。


**侵害していると指摘された（警告書記載の）登録商標を調べる**

①　登録商標が本当に登録されているか
登録商標については、出願中でまだ登録になっていないか、拒絶査定になっているという可能性もあります。

そのため、本当に権利として有効であるかをまずは確認することが重要です。

そもそも権利が存在しない場合は、相手からの権利行使を免れることができます。

② 登録期間満了になっていないか（＝期限切れではないか）

商標権は、登録から5年または10年後に登録期間が満了します。登録期間が満了する前に権利の更新の手続をしない場合は、権利が消滅します。

そのため、権利期間が満了し、権利が消滅しそうか否かの確認をすることで、相手方の権利がこれから消滅するのかどうかを把握できます。

なお、当然ですが、差出人が代理人（弁理士や弁護士）の場合はこのようなミスはしないため、登録期間が満了に該当しないことがほとんどです。

**自分の使用状況を確認し、使用を止める**

① 侵害されたと主張された商標と自分が使用している商標は似ているのか

見た目、読み方、印象の観点から、同じまたは類似しているといえるのかを検討します。いずれもが紛らわしくない場合には、権利行使を免れることができます。

② 登録されている指定商品・役務と同じまたは類似したものに使用しているか

商標権は、必ず、権利化したい商品やサービスとが指定されて登録されています。そのため、自分が販売している商品と全く関係のない商品で、相手方の商標が登録されている場合には、相手からの権利行使を免れることができます。

例えば、相手の商標が、商品「りんご」のみを指定して権利化されている場合で、自分は商品

「パソコン」しか販売していない場合には、「りんご」と「パソコン」と関連しない商品であるため、権利行使を免れることができます。

③　①、②に該当する場合、具体的にどこ（ＨＰやFacebook、名刺）に使用しているか

実際には、どこにも商標を使用していない場合には権利行使を免れることができます。

一部を使用している場合には、該当するすべての記載や使用を削除します。また、該当するものについては、商品をすべて廃棄したり変更する必要があります。

**警告状への回答と和解金、その他の注意**

これらに加えて、警告状への回答と和解金の交渉が必要になることもあります。

警告状を受け取っても、慌てずにきちんと対応すれば、大変な事態にならずに済むケースもありますが、これらの対応を怠った場合には、最悪、訴訟を起こされる可能性もあります。

訴訟になってしまった場合には、使用の差止請求に加え、損害賠償の請求や不当利得返還請求、さらに刑事罰にまで発展する可能性があります。

万が一、警告状を受け取ってしまったら、１度、専門家（弁理士や弁護士）に相談したり、対応を依頼すべきです。

とくに、和解金やライセンシーについては、ご自身で交渉するのは困難であることがほとんどです。

では、警告状を受け取らないためには、どうすればよいのでしょうか。

まずは、今使っている名前やロゴを1度調べてみることが非常に重要です。

「分野やカテゴリーの名称だし、一般名称なので大丈夫」とは思わないでください。

万が一、それが商標登録されてしまうと、警告状が来る可能性が一気に高まります。

そして、商標を申請することも検討してみてください。

商標権を確保してしまえば、警告状が来る不安は一気になくなります。

また、こちらは力技ですが、相手の権利に穴がある場合は、その部分について申請をして権利化することで、相手と自分のお互いが商標権を侵害している状態になります。

これによって、お互いの権利を相殺し、使い合うという状態にして、相手からの権利行使を免れるということも可能です。

せっかく始めた事業、軌道に乗ってきた事業をダメにしないためにも、リスクを避ける対策をとっておくことは、とても重要なことです。

# 第2章　商標申請をしたいと思ったら（基礎知識）

# 1　登録可能な商標の種類は11ある

商標は、単に文字だけではなく、様々な種類のものがあります。

例えば、くまもんや、はたまた近年の改正法で「ファイトー一発！」の音声まで登録の対象となるようになりました。

商標には、誰が提供している商品・サービスなど識別するための役割があります。そして、商品やサービスを選択するための目印として機能します。

【図表１　売り場の商品陳列①】

例えば、図表1は、売り場に陳列されている商品の画像ですが、消費者は商品のパッケージや商標（商品名）を目印にして自分が欲しい商品を購入します。

非常にざっくりとした説明ですが、このような商品の出所を区別する役割があるものであれば、商標の権利として認められる可能性があります。

そのため、商標は、単に文字だけではなく、

【図表２　売り場の商品陳列②】

様々な種類のものがあり、例えば、ロゴや図形のようなものについても登録の対象となります。

皆様おなじみの図表2の商品については、どの内容について商標が取得されているかはおわかりでしょうか。

全部で3か所あります。

答は、次のとおりです。

今回の例では、①「熱さまシート」のロゴと、②子供のキャラクター（通称、熱さま坊や）について登録されています。

また、当然ながら、③小林製薬の社名についても商標登録されています。

このように、文字だけではなく、様々な対象が、商標登録の対象となりえます。

商標権として、登録可能な商標の種類については、具体的には、

①　文字商標、②　記号商標、③　図形商標、④　文字と図形の組合せ、⑤　文字と記号の組合せ、⑥　立体商標、⑦　音の商標、⑧　動きの商標、⑨　ホログラムの商標、⑩　色彩のみからなる商標、⑪　位置商標などがあります。

それぞれの具体例は次のようになります。

## ① 文字商標

まずは、文字の商標が挙げられます。

こちらは、アルファベット、平仮名、片仮名、数字などの文字のみから構成されています。

【登録番号】第618689号

SONY

## ② 記号商標

次に、記号の商標があります。

記号とは、「○」や「△」などの意味を持った図形やこれらを組み合わせたものを指します。モノグラムや、暖簾記号などが該当します。

例えば、左掲のように「○」と「△」とを組み合わせた武田製薬の商標が有名です。

【登録番号】第54111号

### ③　図形商標

図形商標は、デザイン化されたものが該当します。また、キャラクターの画像も該当します。キャラクターとしては、くまモンの商標が有名です。

他のキャラクターとしては、バーチャルアイドルのキャラクターや、プロスポーツチームのマスコットキャラクターなどの分野で取得されることが多いです。

また、くまモンの例のように、ブランド戦略の一環としてご当地キャラで取得されることも多いです。

余談ですが、通常、商標を他人が使用したい場合には、使用料が発生しますが、くまモンに関しては、熊本県のＰＲに繋がる使用であれば使用料が無料となっています。そして、あえて無料で使用させることで、熊本県の認知度アップにつなげています。

【登録番号】第 5540074 号

### ④ 文字と図形の組合せ

文字と、図形については、それぞれ単独でなければ権利化が認められないわけではありません。

例えば、次の例のように「Asahi」や「SUPER DRY」の文字と、図形とを組み合わせたものも登録の対象となります。

【登録番号】第 2240846 号

### ⑤ 文字と記号の組合せ

文字と図形の例と同様に、こちらも文字と記号について、それぞれ単独でなければ権利化できないわけではありません。

文字と記号との組合せの有名な登録例としては、次の NIKE のマークがあります。

【登録番号】第 1517133 号

⑥　**立体商標**

立体的な物体（三次元の物体の形状）であっても商標登録の対象になります。

例えば、次のペコちゃん人形については、立体商標として登録されています。立体商標としては、このような広告人形的なものが多く登録されています。

【登録番号】第 4157614 号

また、次の例のように、コカ・コーラの瓶の形状も、立体商標として登録されています。しかし、どんな瓶の形状であっても、商標登録が認められるわけではありません。あくまで、コカ・コーラの瓶のように、その瓶を見ただけで、ザ コカ・コーラ カンパニーの商品であることが、ユーザに想起される場合に、例外的に登録が認められます。

【登録番号】第 5225619 号

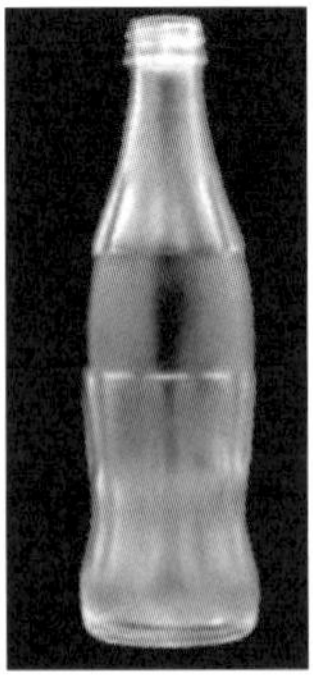

## ⑦ 音の商標

音の商標については、昔は商標の対象外でしたが、平成27年の4月から登録の対象として認められるようになりました。例えば、「ファイト一発！」の音声が登録されています。

音の商標であっても、商品・サービスの提供者を想起できるケースもあるからです。

⑧　動きの商標

文字や図形が時間の経過とともに変化する商標についても、平成27年の４月から登録の対象となりました。

例えば、レンタルしたＤＶＤなどで最初に流れる、次のような動画などが登録されています。

動きの商標についても、それ自体にブランド価値があり、動き全体から生じる企業イメージなどを守りたい場合に有効です。

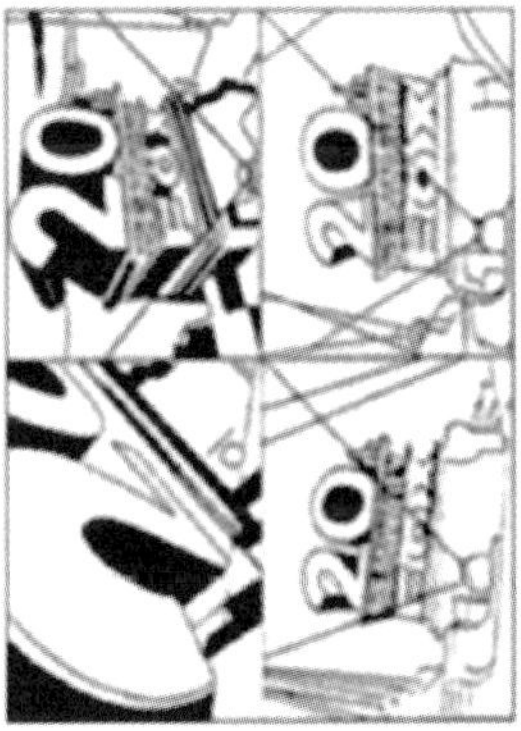

⑨　ホログラムの商標

文字や図形等がホログラフィーによって、見る角度によって変化する商標も商標登録の対象となっています。

## ⑩ 色彩のみからなる商標

単色または複数の色彩の組合せのみからなる商標についても対象となります。これらは、あくまで色彩のみからなり、図形や文字などを含むものは該当しません。

セブンイレブンの次の例のように、色彩を組み合わせただけのものであっても、商品の提供者がイメージできるケースがあるため、そのブランド価値を守るために、平成27年の4月から新たに商標登録の対象として追加されました。

⑪　位置商標

文字や図形等の標章を商品等に付す位置が特定される商標も登録の対象となります。

次の例は、ＩＢＭ社のキーボードです。

中央付近に赤い色のボタンがあるキーボードについては、ＩＢＭ社の製品を想起するため、位置商標として登録されています。

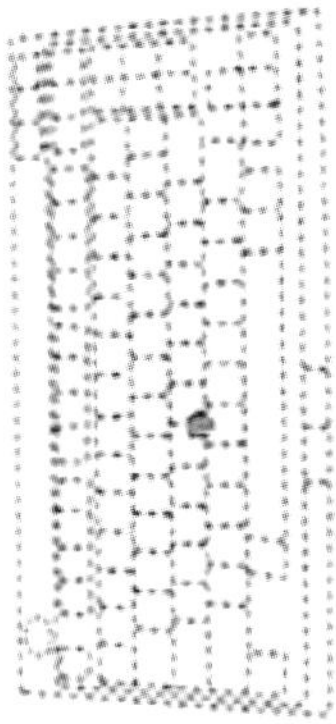

様々な種類の商標についてご紹介させていただきましたが、企業のブランドを識別するための要素は多種多様です。商標は、本質としては、企業に蓄積されたブランド価値を守るためのものであり、その目的を達成するために、様々な種類の商標に対する登録が認められています。

ブランド戦略とともに、これらの取得についても、ご検討いただくことで、より多面的なブランド保護が可能になります。

## 2　他人の登録商標と似ていると商標登録できない

商標申請しても、すべてが登録になるわけではありません。商標申請すると、一般的におよそ30～40％程度の割合で、拒絶理由通知が来ることがあるといわれています。

拒絶理由はいろいろなものがありますが、その理由の1つに、「登録済みの商標と同一または類似だから」というものがあります。

この項では、どういう場合にこのような拒絶理由が通知されるのかについて説明します。

また、こんな理由で拒絶理由通知が来た場合、登録にもっていく方法はあるのかについても、お話します。

### 「登録済みの商標と同一または類似だから、商標登録できない」という拒絶理由の詳細

他人が登録している商標は、権利を取得できません。他人の権利とバッティングするからです。

ですが、これは同一または類似の商標を、「商標に係る指定商品（指定役務）と同一又は類似の商品（役務）について使用」している場合です。

例えば、「原田国際特許café（架空のお店です）」という名称が、〝飲食物の提供（第43類）〟で既に登録されていたとします。

その場合、個人が「原田国際特許 café」という名称を〝飲食物の提供（第43類）〟で申請をした場合、「登録済みの商標と同一または類似だから商標登録できない」ということになり、拒絶されてしまいます。

これは、「原田国際特許 café」という申請する名称と、既に登録になっている「原田国際特許 café」という名称とが一致するからです。

また、申請している役務〝飲食物の提供（第43類）〟と、既に登録になっている「原田国際特許 café」の役務〝飲食物の提供（第43類）〟とが一致するからです。

一方、〝セミナーの企画・運営又は開催（第41類）〟で出願すれば、何の問題もなく登録されることになります。

これは、申請する名称が「原田国際特許 café」で一致するものの、指定役務（その名称を使用するサービスのこと）が、〝セミナーの企画・運営又は開催（第41類）〟と〝飲食物の提供（第43類）〟とで異なるからです。

## 拒絶理由通知を解消して登録査定を得る方法

では、前述した拒絶されるケースのように、名称も指定商品・役務も似ていたら、どうでしょうか。

ご想像のとおり、拒絶理由通知が特許庁から届く可能性は非常に高いといえます。

ですが、その名称が次の種類であれば、理由を解消して、登録にもっていける可能性があります。

それは、名称自体の「識別力がないか、またはその識別力は極めて低いもの」であること、さらに、その「識別力がないか、またはその識別力は極めて低い」名称に、「図案化されている（デザインが加えられている）」ことです。

識別力がないというのは、イメージがしづらいかもしれません。

例えば、「ハンドマッサージ」という名称に、図案が組み合わさっているケースがあります。「ハンドマッサージ」自体は、「手（ハンド）をマッサージする」、または「手（ハンド）でマッサージする」という意味合いで、一般に使用されているという実情があります。こういった言葉には識別力がないといえます。

このように、商標の構成の一部である「ハンドマッサージ」という名称自体が、「識別力がないか、またはその識別力は極めて低いもの」である場合、その識別力がない部分は、商標の構成から無視されて判断されます。

その場合、残った「図案化された部分」について、〝同一又は類似であるか〟の判断が行われます。つまり、言葉自体が共通していても、その言葉自体の識別力がなければ、類似しているかどうか判断するには、図案化された部分になるため、図面によるデザインの相違を主張することで、登録済みの商標と非類似だと反論することができます。

こういった反論を記載した意見書を提出すれば、一度は拒絶されても、登録査定を得る道も開ける可能性があるのです。

もちろん、使用されている名称、図案の程度により、その可能性の高低は変わってきます。登録可能性がどれくらいあるのか、個々の事案に関する判断については、ケースバイケースであるため、一般の方では判断が難しい場合がほとんどです。判断が難しい場合については、専門家にご相談したほうがよいケースが多くなります。

## そもそも拒絶理由通知を受け取らないために

拒絶理由通知が来ると、通知に記載されている「登録をすることができない理由」を解消するために、前述したように意見書を作成して提出して反論する必要があります。

これには、時間も手間もかかりますし、特許事務所に依頼している場合には、追加料金も発生します。なお、反論をしない場合には、拒絶が確定してしまい、商標権を取得できないということになります。その場合には、実費を含む、申請に必要な数万円もの費用が無駄になります。また、仮に意見書を提出して反論したにもかかわらず、拒絶になった場合には、さらに反論費用も無駄になってしまいます。

そのような事態にならないために、まずは、拒絶理由通知を受け取らないように、事前の調査をしっかり行うことが非常に重要になります。

また、特許事務所に依頼する場合にも、しっかりとした調査結果を得ることが重要であるため、きちんとした調査報告書を提出してくれる事務所を選ぶことが大切になります。

# 3　商標申請前に知っておくべき3つの類似性とは

これまで説明してきたように、商標登録を受けるには、他社に似た権利が取られていないことが前提条件になります。すでに他社に似た商標が取られていることが判明した場合、出願をしても特許庁の審査には合格できません。

また、その商標を使った場合、他人に商標権侵害と訴えられてしまうリスクがあります。

実際に、これから事業を開始する方から、「この商標、取られていないか心配だから調べてほしい」という要望をよくいただきます。

ここでは、商標が似ているかどうかを決定づける、商標の類似性について解説します。

## 商標申請前に必須な商標調査とは

商標の類似性についてお話するに当たって、前提として、商標申請の全体の流れから説明させていただきます。

まず、商標出願を行う前には、必ず商標の調査というものをしなければなりません。商標調査といっても聞きなれない言葉と感じる方も多いと思います。

この商標調査では、商標出願しようとしている名称が登録される可能性があるかどうかを目的として調査します。商標調査をしなければ、登録にならない商標申請をしてしまい、費用がすべて無駄になってしまうばかりか、登録にならなかった後に、名称変更をせざるを得なくなるリスクが高まります。

また、現在では、商標を申請してから結果が出るまで９か月ほどの期間がかかることも少なくありません。

そのような場合、９か月たって、特許庁から申請が拒絶されてから初めて、商標が取れなかったことがわかります。そこから再度商標を申請し直した場合、商標権を取得するまでの時間的なロスが大きくなり、事業にマイナスの影響を与えてしまうということになりかねません。

## 商標の類似性とは

商標調査をし、商標が登録になるか否かについての判断の基準となるのが、商標の類似性です。

類似性は、顧客が商品を間違えて購入（いわゆる誤認混同）したりしないための概念です。

## 類似性の判断の根拠となる３つの観点

商標の類似性について考慮するときには、商標の有する外観、称呼および観念という3つの観点があります。

商標の有する外観、称呼および観念のいずれか1つが紛らわしい（出所の混同を生じる）商標同士は互いに類似するということになります。

商標が類似するには、外観、称呼および観念のすべてが類似する必要はありません。あくまで、いずれか1つが類似するだけでも条件を満たします。

次に、類否の3つの観点について図表を交えて解説します。

## 外観類似とは

外観類似については、視覚的に、つまり見た目が紛らわしいかどうかという観点で判断します。視覚的に紛らわしい場合、看板などに表示された商標を見て、需要者が取り間違えを起こす可能性があるからです。

このように需要者が取り間違えを起こす商標同士を互いに登録した場合、社会が混乱を起こします。そのため、既に登録されている商標と視覚的に紛らわしい商標は登録を受けることができません。

この外観類似は、主にロゴやキャラクターの商標出願をする場合に検討する必要があります。ロゴのデザインやキャラクターが似ている場合には、類似するという判断になります。

## 外観類似の判断の実例

実例をご紹介します。

上の犬の図ですが、類似か非類似のどちらだと思いますか。

答は、「類似している」です。

この商標について、東京高裁で類似との判断がされました（東京高判平13年11月27日）。

シルエット全体のフォルムの形状は異なります。また、体全体の大きさや、顔の向きや、尻尾の形などが異なるため、思ったよりも厳しい判断がされたと考える方もいらっしゃると思います。

このような判断を東京高裁がした理由は、「実際に見た人が受ける印象の違いが、外観全体から直ちに受ける視覚的印象をさほど減殺するものではなく、両商標の外観は互いに類似するものというべき」というものでした。

並べてみると、上述したように、頭の大きさや、足の長さ、体の太さが異なっていて、違う印象を受けるとも思われます。

しかし、丈量商標は、次の共通点がありました。

・ともに大型犬の立位
・シルエット状に黒塗り
・どちらの犬も左向き
・駈けたり、跳躍したりしていない静的な状態であるそのため、例えば、異なる場所（例えば、一方を秋葉原、他方を神田）で見た場合には、取り間違えを起こす可能性があるため、両商標が類似すると判断されました。

そういわれてみると、確かに、市場で実際に２つの商標が使用されていたとしたら、間違えを起こす人がいてもおかしくありません。

**称呼類似とは**

読み方が紛らわしいか、つまり耳で聞いたときに間違えやすいかという観点で判断します。

読み方が紛らわしい場合、電話などで商品の取引をする際に、取り間違えを起こす可能性があるため、読み方が紛らわしい商標は登録できません。

登録商標として耳で聞いたときに間違えやすいものが登録されてしまうと、やはり、電話などの取引の際に、お客様が間違えた商品を購入してしまうリスクがあり、結果的に市場が混乱してしまうことになりかねません。

そのため、登録商標と、称呼が類似（紛らわしい）商標についても、商標登録の対象外とされています。

**称呼類似の判断の実例**

こちらも実例をご紹介します。

「BARICAR」と「バルカー」は、類似でしょうか？　非類似でしょうか？

実際に、声に出してみるとわかりやすいです。バリカー、バルカー。

両商標の違いは、第2音の「リ」と「ル」のみであって、しかもこの音が弱音（弱く発音する音）であることがおわかりかと思います。したがって、答は、「類似している」です。

判例では、「両商標の称呼が1個の長音を含む3個という短音の構成からなることおよび「リ」と「ル」とが帯有母音を異にすることを考慮に入れても、これらを一連に称呼するときは、語感、語調が互いに近似し、彼此混同されるおそれがある」とされました（東京高判昭61年3月12日）。

つまり、もし、BARICARではなく、PARICARということで出願されたとしたら、第1音が半濁音と濁音とで異なることから、称呼類似とされず登録された可能性が高かったのではないかと考えられます。

また、頭の言葉（語頭）が異なる音の場合、両商標は称呼類似とされない傾向にあります。

さらに、異なる音が強音（強く発音する音）である場合には、称呼が紛らわしくないと判断される可能性も高まります。

**観念類似とは**

意味内容が同一かどうか、つまりイメージされる印象や事柄が同じかどうかという観点で判断します。

## 観念類似の判断の実例

左の図の実例はどうでしょうか。類似でしょうか？　非類似でしょうか？

外観は、異なっています。また、称呼も「アフターヌーンティー」と「午後の紅茶」とでは異なっています。

一方で、観念という観点では、互いに「類似している」が答です。

「Afternoon」が「午後」を、「Tea」が「茶」または「紅茶」を意味し、想起することは、日本人にとって極めて容易であり、一般的なことといえます。

判例では、「両商標とも特段注目されるような書体などでもないから、外観ではなく、むしろ観念で印象づけられ、記憶するのが一般的として、観念類似で誤認混同されるおそれがある」とされました（東京高判平16年3月29日）。

確かに、「Afternoon Tea」という紅茶がスーパーなどで販売されていたら、実際に間違えて買ってしまうという方もたくさん出てきそうです。

商標の類似性について3つの観点をお伝えしましたが、いかがでしたでしょうか。

出願を考えている商標で、似たような形や同じ名前の商標がある！　と思った方もいらしたかもしれませんが、諦める必要はありません。

商標審査基準には、「商標の類否の判断は、商標の有する外観、呼称及び観念のそれぞれの判断要素を総合的に考察しなければならない」と規定されています。

つまり、外観が似ているというそれだけで登録を拒絶されると判断するのは早計といえます。仮に、称呼が互いに類似する場合であっても、称呼のみで取引される実情がなく、外観、觀念、称呼について総合的に判断すると、外観と観念の相違が称呼の共通を凌駕する場合には、両商標は非類似とされるケースもあります。

例えば、２つの商標の類否判断について示した平成23年（行ケ）第１０２５２号　審決取消請求事件の判決があります。

この判決では、「海葉」という商標と、「海陽」という商標とが互いに非類似と判断されています。

判決の内容を参照すると、

『……以上のとおり、本願商標と引用商標とは、その外観、観念において大きく相違し、称呼において基本的に同一であるところ、海の母音である「あい」も、葉や陽の母音である「おっ」も、漢字の音読みとしてありふれた読みであり、これに「K」と「Y」の子音を組み合わせた「KあいYおう」との称呼は2文字の漢字のありふれた読みからくるもので、外観、観念の相違に比較すると、識別力が弱いものである。そして、本件において、この判断に反して特に考慮すべき取引の実情は認められないから、本件においては、外観と観念の相違が称呼の共通を凌駕するものというべきであって、指定商品について共通するものがあるとしても、本願商標と引用商標とは類似するものではないというべきである』と裁判所が判断を示しています。

このように、商標が類似するか否かの判断は、外観・称呼・観念を総合的に検討・判断した上で、商標出願を行うことが重要になってきます。

いずれか1つが類似する場合であっても、諦めるのは早く、前述のように1つが大きく相違することで登録になった実例もあります。

## 4 商標登録前に選ばなければならない商標の「区分」とは

### 区分とは

商標には、区分という概念があります。

区分とは、特許庁における課金の単位であるとともに、権利範囲を決める上で大きな影響を与えるものです。

必要な区分が漏れると、その区分について、他人に権利を取得されるなどのリスクが発生します。そのため、商標登録をする上では、非常に重要な概念になります。

また、申請前に、必ず適切な区分を決めなければなりません。

例えば、アパレル関連だけでも候補となる区分が８つもあります。

商標の「区分」と言われても、ピンと来ない方がほとんどだと思います。

「区分」とは、商標を使用する対象を分類したものです。

区分とは、商標を使用する業務内容を分類したもので、数字２ケタからなります。

## 第１類～第45類までの区分に別れている

区分は、第1類～第45類までの区分に別れているのですが、商標登録出願を行う際に、その中から自分の業務内容が含まれる区分を選択します。

第1類～第34類までが商品（手で触れるもの）についてのものになります。

また、第35類～第45類までが役務（目に見えないサービス）についてのものになります。

選択できる区分は、１つだけではなく、必要に応じていくつもの区分を登録することが可能です。

例えば、ＩＴシステム会社であれば、第9類（プログラム、アプリ）と、第42類（プログラムの提供（Saasなど））を選択することが多いです。コンサルや市場調査、広告配信も行っている会社であれば、第35類を指定するケースもあります。

また、飲食店の場合、第42類（飲食物の提供）は必須になります。

さらに、飲食店であっても、店で飲食物を提供する以外にも、弁当を販売したり、食べ物をテイクアウトされる場合もあるので、第30類（食料品）の分野を指定するケースもあります。

例えば、創業したばかりの方や事業主を対象に、売上ＵＰなどのノウハウを教える塾を運営している方の場合、第41類（知識の教授、セミナーの開催）は必須になります。

また、これらの方々は、コンサルティングも行っているため、第35類（売上ＵＰのコンサルティング）も入れておくことが重要になります。

同じ区分の中であれば、複数の商品・サービスを指定することができます。売上ＵＰのノウハウを教える塾の場合、将来的には、塾長の体１つでは足りなくなってしまい、ＦＣ化をしたり、協会ビジネス化をすることが多くなります。

そのような場合まで想定して、第41類に資格試験の実施、資格の認定などのサービスを指定しておくことが重要になります。

また、このような知識を売るサービスの場合、インターネットで動画を配信して課金をするということもあるため、その内容「動画を介した、情報の提供」についても、第41類で指定することが重要になります。

このように、商標を申請する際には、同じ第41類の中で、サービスとして現在または将来、提供する可能性のあるものをすべて網羅して指定するということが肝要になってきます。

## 区分登録は費用も考慮

区分を指定すればするほど、権利として取得可能な分類は増加します。ただし、区分登録すればするほど、その分費用はかかることになるので注意が必要です。

そのため、区分を登録する際には、対費用効果をよく考えて選ぶ必要があります。

例えば、区分を１つ追加するごとに、申請時に追加で８、６００円の特許印紙代（実費）が発生します。

また、登録時には、初回の権利維持期間が5年の場合には1万6、４００円追加で発生し、権利維持期間が10年の場合には2万８、２００円が追加で発生します。

何も考えずに多くの区分に登録してしまうと、それだけ出費も大きくなります。とくに、権利維持に必要なランニングコストが大きくなってしまいます。

また、自分の行っている業務内容と関連のないものを登録しても意味はありません。自分の業務内容や業態に合わせた物をきちんと登録することにより効果を発揮できるからです。

対費用効果が重要になるため、例えば、予算に余裕がない場合には、最も重要（例えば、売上が大きい）なものを優先して申請することが重要になるケースもあります。

### アパレル用品の販売例では

例えば、アパレル用品を販売している方であれば、衣類品の第25類だけではなく、衣類以外にも扱いのある場合には他の区分にも登録する必要がある可能性があるため、検討が必要です。

具体的には、次の区分が候補になります。

【第9類】
【指定商品（指定役務）】眼鏡、サングラス
【第14類】
【指定商品（指定役務）】貴金属、キーホルダー、身飾品、時計
【第18類】
【指定商品（指定役務）】かばん類、袋物、財布、カード入れ、傘、つえ、ステッキ
【第24類】
【指定商品（指定役務）】タオル、ハンカチ、その他の布製身の回り品、かや、敷布、布団、布団カバー、布団側、まくらカバー、毛布、織物製テーブルナプキン、ふきん、のぼりおよび旗（紙製のものを除く）、織物製椅子カバー、織物製壁掛け、カーテン、テーブル掛け、どん帳、織物製のティッシュケース用カバー、布製ティッシュペーパーカバー
【第26類】
【指定商品（指定役務）】腕止め、衣服用ハックル、衣服用バッジ（貴金属製のものを除く）、頭飾品、リボン、被服用アクセサリー
【第35類】
【指定商品（指定役務）】被服の小売または卸売の業務において行われる顧客に対する便益の提供
【第40類】

【指定商品（指定役務）】布地・被服または毛皮の加工処理（乾燥処理を含む）、織物の仕上げ加工、裁縫、被服の寸法直し、洋服の仕立て、受託による被服の装飾加工

前述したように、取り扱う商品のカテゴリーが多ければ多いほど、多くの区分を利用する必要があるため、費用も比例して大きくなります。

とても、すべてを指定することができないというケースもあります。その場合は、やはり優先順位づけが重要になります。

商品のカテゴリーが少なければ、１つの区分だけで良いので、商売をするときにも費用を抑えることができるので安心です。

これらの内訳に関しての詳しい内容は、特許庁のホームページや本でも確認することができます。きちんと区分を選択しないと意味がありませんし、似たような物も多いので、登録をする前には必ず目を通しておく必要があります。

確認をせずに登録をしてしまうと、無駄に費用を支払うことにもなりますし、本当に取るべきものが取れなかったりするので、必ず確認作業が必要です。

１人で確認作業をするとミスが出てくることもありますので、他の人にも確認をしてもらう二重チェックすると安心です。

また、同業他社がどのような区分を指定して申請しているのかを調べ、参考にするのも非常に有効です。

## 5　商標申請を個人名義と法人名義のどちらですべきか

「商標の申請を会社名で行うのと、個人名で行うのとでは違いはないのでしょうか」という質問を良く受けます。実は、会社名で商標申請するのと、個人名で商標申請をするのとでは、大きな違いがあり、それぞれメリットとデメリットがあります。

### 会社名で商標申請をする場合のメリット

会社名で商標申請をする場合のメリットは、次のようになります。

・商標権取得費用などを会社経費で処理可能になります。こちらは、税法上の問題になります。
・商標権が侵害された場合に、個人名義に比べて、損害賠償額を高額にできる可能性があります。

商標権が侵害された場合、会社が受けた損害の額を、損害賠償額とすることができます。こちらは、個人に比べて会社のほうが、売上が大きい場合が多々あります。そのような場合には、会社名義で商標権を取得していたほうが、損害賠償額は高額になります。

### 会社名で商標申請をする場合のデメリット

1度会社名義にしてしまうと、その後、個人名義に戻すのは、「利益相反行為」とみなされるため、処理が困難になってしまいます。
つまり、個人名義から会社名義に変更することは容易ですが、逆は難しいということになります。

### 個人名で商標申請をする場合のメリット

個人名で商標申請する場合のメリットは、次のようになります。

・仮に会社が買収された場合や乗っ取られた場合でも、権利が個人に残ります。法人名義にしている場合に会社が乗っ取られたときは、商標権も会社を乗っ取った相手に移転してしまいます。
・個人名義にして、会社に専用使用権（独占的に商標を使用する権利）を設定することで、商標の使用料を個人でもらうことができます。

### 個人名で商標申請をする場合のデメリット

個人名で商標申請をする場合、自宅以外の住所がない場合があります。その場合、商標の申請書には自宅の住所を記載せざるを得ません。住所については、商標公報に掲載されます。つまり、自宅の住所が商標公報で公開されてしまうことになります。自宅の住所を公表したくないという場合には注意が必要です。

回避策としては、自宅以外の住所（特許庁から郵送物が届く住所であれば問題ありません）を使って申請するという方法もあります。

## まとめ

株式会社を設立している場合、通常は、法人名義で出願します。もしも、個人名義での出願を希望される場合は、その旨を特許事務所に伝えたほうが良いでしょう。

ちなみに、会社名義で申請する場合の対象となるのは、株式会社、有限会社、合同会社、協会などになります（法人登記が必要です）。これら以外の、例えば単なる店舗の名称や大学のサークル名では、商標の申請人となれない点にも注意が必要です。

また、株式会社○○や合同会社○○といった商標を個人で申請する場合、特許庁から補正命令がされる可能性がある点を留意しなければなりません。

それ以外にも、個人では提供できないサービス（百貨店など）を対象に、個人名義で商標申請をした場合、申請が不適切であることを理由に拒絶されてしまう可能性があります。

このように、個人で申請するか、法人で申請するか、どちらが適切かについては、状況によって変化することもあります。

# 6　一般的な名称は商標を取れない

一般的な名称については、商標を取得できません。一般的な名称といわれてもピンと来ない方がほとんどかと思いますので、実例を交えて説明したいと思います。

**商品・役務の普通名称**

まず、商品の普通名称は、商標登録を受けることができません。

商品の普通名称とは、例えば、商標登録を受けたい指定商品が「りんご」である場合に、商標「りんご」や「apple」である場合に該当します。

また、普通名称としては、「アルミ」や「パソコン」などの略称も商品の普通名称に該当します。

さらに、普通名称を、「ringo」や、「リンゴ」のようにローマ字や仮名文字で表示したものも普通名称に該当します。

このような普通名称に商標登録を認めた場合、商標権者以外が商品「りんご」にりんごと表示して販売できなくなってしまいます。

あくまでも商標登録を受けたい商品との関係で、普通名称に該当するかが決まります。そのため、指定商品が「パソコン」である場合に、商標が「apple」であっても普通名称には該当せず、登録になる可能性があります。

**商品・役務の内容を記述した商標**

商品の品質、販売地、効能、形状、原材料などを説明した商標は、登録になりません。

商品の販売地を表した場合の例としては、例えば埼玉チーズケーキなどが該当します。記述的な商標として拒絶されることは非常に多く、例えば商標「教育活動家」なども、「教育に対して熱心な人」との意味合いを生じさせるとして拒絶されてしまいます。

また、過去には、「コーチング面接」というものが、「コーチングを伴う面接の意味合いを生じさせる」として拒絶されたということもありました。

一般名称か否かの判断は、非常に難しい場合もあります。例えば、「業務スーパー」は、商標として登録されていますが、「業務レンタカー」は、業務として長期に貸し出されるレンタカーを意味するということを理由に拒絶されたという事例があります。

また、M＆A窓口や、事業承継の窓口は登録商標であるものの、融資の窓口や相続の窓口については、一般名称であることを理由に拒絶されてしまったという事例があります。

一般名称に該当するかどうかは、どれだけ多くの人がその名称を、何らかの特定の意味合いをもたらす用語として使っているかに基づいて判断されます。前述の事例では、融資の窓口や相続の窓口については、インターネット上でも、これらが「融資の相談の窓口」や「相続の相談窓口」を意味する意味合いで多数使用されていたため、登録にはなりませんでした。

なお、一般名称であっても、文字の一部の表記を変更することで、登録になることがあります。例えば、商品ケーキを対象に商標「きび糖」で申請した場合、きび糖がケーキの原材料であることを理由に拒絶されてしまいます。しかし、「糖」の部分を「党」に変更し、「きび党」とすることで登録になったという例もあります。

また、一見すると一般名称とも取れそうな場合であっても、その用語から複数の意味合いが導かれる場合には、商標登録になるケースもあります。

例えば、「展示会営業」という商標は、「展示会方式の営業との意味合いを生じさせる」ことを理由に、1度は拒絶されています。しかし、その後、展示会営業という言葉は、「展示会方式の営業（展示会で商品・サービスを売る）」以外にも、「展示会というイベントそのものを売る」という意味合いも生じるということを特許庁に説明をし、最終的に登録になったという事例もあります。

また、「無印良品」などように、商品・サービスの内容を直接的ではなく、暗示的に表現をするような場合も、一般名称には該当せず、商標登録を受けられます。

## 7　国家資格の資格名を含む商標は登録できない

国家資格の資格名を含む商標も、商標登録を受けることができないという点に注意しなければなりません。

このような国家資格の資格名は、通常、法律によって有資格者以外は使用できないなど、使用が制限されているためです。

すなわち、資格者以外が商標権を取得することで、資格名とまぎらわしい名称を独占して名乗ってしまうことを可能にしてしまうと、国家資格制度そのものの社会的信用が失われる可能性があるため、このような国家資格の資格名を含む商標は商標登録を受けることができなくなっています。

例えば、「キャリアコンサルタント」や、その略称である「キャリコン」を含む名称は、商標登録の対象外となります。

一方で、「日本で一番ハンサムなキャリアコンサルタント」のように、「日本で一番ハンサムな」の文字が結合されたことで国家資格者のような誤認を与えないものについては、過去に登録されている例があります。

また、昨今、「がんばる！　弁理士」や、「最後まで諦めない情熱家弁理士」「ネット弁理士」「パンダ弁護士」「福利厚生弁護士」などの商標も登録されています。

## 8　ロゴと文字、どちらで商標申請する――それぞれのメリットとデメリット

新規の商標登録の際、質問内容で多いのは、「ロゴを作成しているのですが、ロゴと文字のどちらで申請すれば良いのでしょうか」というものです。

それだけ、ロゴと文字のどちらで出願するかについて悩まれている方が多いということになります。

本章では、

・ロゴ商標と文字商標とではどう違うのか？

・ロゴと文字のどちらで出願したほうがオトクなのか？
について、少し深掘りして、解説させていただきます。

### ロゴ商標と文字商標

ロゴ商標とは、実は、正式に法律で定義されている言葉ではありません。文字商標以外のものを総称して、便宜的に使われています。

例えば、ロゴといっても、例1＝図形、記号などで構成されているもの、例2＝文字と図形などで構成されているもの、例3＝装飾された文字で構成されているものという3つの類型があります。

それぞれの具体例について見ていきましょう。

・例1＝図形、記号などで構成されているもの
【登録番号第1710928号、権利者：株式会社不二家】

こちらは、有名なペコちゃんの顔のロゴ（画像）です。文字などは含まず、ロゴ（画像）のみで

構成されています。

・例2＝文字と図形などで構成されているもの

【登録番号第1907986号、権利者：象印マホービン株式会社】

こちらも有名なロゴです。このように、象のロゴ（画像）と、「ZOJIRUSHI」という文字とが組み合わさったものも存在します。

ZOJIRUSHI

・例3＝装飾された文字で構成されているもの

【登録番号第5899793号、権利者：ザ　コカコーラ　カムパニー】

こちらは、文字をメインとして構成されたものですが、文字そのものが装飾（デザイン化）されているというものです。

文字だけで商標が構成されていても、文字そのものが装飾（デザイン化）されている場合にはロゴ商標に該当します。

これらのような3つの類型のものが、通常、ロゴ商標と呼ばれています。

一方、文字商標とは、とくに装飾のない文字だけで構成された商標を指します。

## ロゴと文字のどちらで出願したほうがオトクなのか

前掲の例2のような商標を登録したいと考えている方からは、この質問をよく頂戴します。

このケースでは、象のロゴ（画像）だけでも商標権を取得できます。また、「ZOJIRUSHI」の文字だけでも商標権を取得できます。

選択肢としては、商標出願の方法は4つあります。

A　図形と文字を1つの商標として出願する
B　図形だけで出願する

C　文字だけで出願する

D　図形と文字、それぞれ出願する（2件出願する）

A〜Dで申請した場合、それぞれについて、メリットとデメリットがあります。

では、実際に、例2で、それぞれのメリットとデメリットを解説していきましょう。

### A　象のマークと「ZOUJIRUSHI」を1つの商標として出願する場合（実例と同じ形）

こちらのメリットとしては、1件分の金額（特許庁実費、手数料など）で出願ができるということに尽きます。

一方で、デメリットとしては、まさにこの形（マークと文字が上下に配置されている形）で使用していないと、不使用だとして、不使用取消審判を起こされる可能性があるということです。

補足すれば、商標権は、登録になった後に3年以上使用していなければ、不使用取消審判ということで、登録を消滅させられてしまうというリスクがあります。

例えば、マークと文字が上下に配置されている形で登録になっている場合には、そのマークと文字とが上下に配置されているロゴで使用をしなければ、不使用取消審判で商標権を取り消されてしまう可能性があります。

つまり、この場合は、象のマークだけでしか使用をしている場合や、文字「ZOUJIRUSHI」だけでしか使用をしていない場合は、せっかく登録した商標が取り消されてしまうかもしれないということになります。

また、別のデメリットとしては、他社に絵や文字のどちらかを単独で、似たような商標を使用された場合（例えば「ZOUJIROSHI」という文字のみを使われた場合）、似ている商標として排除できない可能性があるということです。

その理由は、商標の権利としては、あくまで象のマークと、「ZOUJIRUSHI」という文字が組み合わさったものであるため、文字の部分「ZOUJIRUSHI」については、権利として主張しにくくなるからです。

### Ｂ　象のマークだけで出願する場合

こちらのメリットとしては、１件分の金額（特許庁実費、手数料など）で出願ができるということです。

また、象のマークと似たようなマークを使用した商標を排除できる可能性が、前述したＡに比べると高くなるということもメリットになります。

こちらのデメリットとしては、当然のことながら、「ZOUJIRUSHI」の権利は一切保護されないということになります。

登録になったのは、あくまでも象のマークのみであり、「ZOUJIRUSHI」という文字は一切含んでいないからです。

## C 「ZOUJIRUSHI」の文字だけで出願する場合

こちらのメリットとしては、Bの場合と同様に、1件分の金額（特許庁実費、手数料など）で出願ができることになります。また、「ZOUJIRUSHI」と似た商標を排除できる可能性が高いということもメリットとなります。

例えば、「ZOUJIRUSHI」のような使用がなされた場合であっても、「ZOUJIRUSHI」と「ZOUJIROSHI」との見た目について紛らわしいことから、このような仕様を排除できるという可能性が十分にあります。

デメリットとしては、当然のことながら、「象のマーク」の権利は保護されないという点になります。

こちらのケースについても、登録になっているのはあくまで「ZOUJIRUSHI」という文字であって、「象のマーク」そのものは、登録の対象としては一切含んでいないからです。

## D 図形と文字、それぞれ出願する（2件出願する）場合

メリットとしては、権利保護の範囲は、A～Dの中で一番広いため、確実に権利を守れるということになります。

それぞれを申請することで、画像である「象のマーク」も文字である「ZOUJIRUSHI」も両方とも、それぞれが単独で権利保護されます。

また、組合せ方（例えば、左右に並べるなど）を自由にした使用をしたとしても、それぞれの登録商標を含んでいるため、不使用取消審判において取り消されるというリスクもありません。

さらに、どちらかのデザインを変更（例えば、「ZOUJIRUSHI」を平仮名表記にするなど）するなどといった柔軟な使用も可能になります。

こちらのデメリットとしては、２件分の金額（特許庁実費、手数料など）が発生するということです。

商標権は、権利化後も、維持費が発生するため、そのランニングコストについても頭に入れておくことが非常に重要になります。

このように、それぞれ出願方法によってメリットとデメリットがあります。

**出願判断の基準は**

出願したいとお考えの商標がどれに当てはまるのか、判断するための基準は、主に次の点だと考えています。

・真似されたくない部分はどこか

まずは、真似されたくない部分はどこかということになります。

真似されたくない部分についての判断基準としては、例えば、お客様の目に触れるものほど、真似されたくないものに該当することになります。

また、お客様から品質表示や、ブランドを識別するための目印として認知されているものほど真似されたくないものに該当します。

実際に使用する頻度が高いものほど、お客様の認知度も比例して高くなる傾向にありますので、そちらを優先して申請をすることが重要になります。

・商標を変える可能性はあるか否か

商標を変える可能性はあるか否かも、いずれの対象で商標を取得るかを決める上で考慮しなければなりません。

ロゴの場合であれば、デザインを変更してしまうと、基本的には商標出願を再度行わなければならなくなります。そのため、例えば、来年には、デザインを変更する可能性があるものなどは、対象として外れるということになります。

一方で、ずっとデザインを変更せずに使い続けるものであるならば、申請の対象としての優先度は高まります。

ぜひ、ご自身に合った出願方法を模索してみてください。

## 9　出願した商標は変更できる？

商標出願をした後、もっといいサービス名を思いついたり、違う名前に変更したくなったことはありませんか。実際に、弊事務所でも特許庁の審査に合格した後に、別の名称に変更したいという問合せを受けることがあります。

この場合、出願した商標を簡単に変更や修正することができるのでしょうか。

先日、お客様から、「1文字だけ、変更したいのですが」というご相談がありました。

1文字だけであれば、変更届か何かを提出して、さくっと変更できるのでは……というお気持ちは、とてもよくわかります。

また、あるときは、アルファベットの1文字を小文字から大文字に修正したいというご相談をいただいたこともあります。

これぐらいなら、さすがに変更できるのではないかと思われるかもしれません。ですが、残念ながら、出願した後の商標については、一切、変更することはできません。

商標が1文字でも変わる場合には、出願をし直すことが必要となってしまいます。

**変更できない理由**

少しぐらい、認めてくれていいのにと思われるかもしれませんが、では、なぜ変更できないのでしょうか。それは、商標登録が「先願主義」をとっているからです。

「先願主義」と聞いても良くわからないのが通常かと思います。電話などでは、「洗顔」と間違われることもあります。

こちらの「先願主義」という意味は、ざっくりと説明させていただくと、「商標申請は早い者勝ちである」ということになります。

つまり、同じ名称を使っている方が複数いる場合は、先に使っていた人ではなく、早く出願した人に権利があるということを意味します。

早く出願した人に権利があるという前提とはなりますが、例えば、もしも出願後に商標の変更を認めてしまうと、次のようなケースではどのようなことが起こるでしょうか。

イ　2月13日に、A氏が「はらだカフェ」を出願
ロ　2月14日に、B氏が「はらカフェ」を出願
ハ　3月15日に、A氏が「はらカフェ」に変更

こんなことが起こったときに、「はらカフェ」の商標権を、A氏とB氏のどちらが取得できるかわかりません。

仮に、変更を認めてしまうと、A氏が「はらカフェ」を2月13日に申請したことになります。その場合、B氏が申請をした2月14日よりも、A氏の申請のほうが早いということになり、A氏が商標権者となってしまうということになります。ですが、実際には、ハの変更手続はできませんので、B氏が「はらカフェ」の商標権を獲得するということになります。

このように、1度申請した商標に変更を認めてしまうと、他者にとって予期しない不都合が生じてしまいかねなくなります。そのため、申請した後には、商標の変更が一切できず、変更をしたい

なら、出願を出し直さなければならないということになっています。

### 指定商品・役務の変更はＯＫ

では、申請した対象について、全く修正ができないのかというと、そうではありません。「補正手続」という手続があります。前述したような商標については、補正（変更）は一切認められません。しかし、指定商品・役務については、変更をすることができます。ただし、これはあくまで、誤記の訂正や権利範囲をせばめる（減縮する）ことに限られます。

例えば、「はらだカフェ」の指定役務を、「飲食物の提供」から「アルコール飲料の提供」に変更する場合には、変更が認められます。

これは、「飲食物の提供」そのものは、アルコール飲料の提供以外にも、中華料理の提供や、フランス料理の提供や、ラーメンの提供などがすべて含まれています。これを「アルコール飲料の提供」だけに狭めること自体は、権利範囲を狭める（減縮する）ことに該当しますので、認められます。

また、申請時の指定役務が「飲食物の提供」「ケータリングの提供」と、２つの役務を指定していた場合、「ケータリングの提供」を削除し、「飲食物の提供」のみにすることも認められます。こちらについても、権利範囲を狭めることに該当するからです。

なぜ、権利範囲を狭くすることが認められるかと言いますと、権利範囲を広くするならまだしも、狭くするだけなら、誰にとっても予期しない不都合が生じることがないからです。

一方で、申請時に「アルコール飲料の提供」だったものを「飲食物の提供」に広くすることはできません。このような変更を認めてしまうと、申請後にいきなり権利範囲が広くなってしまうため、予期しない不都合が、出願人以外の人に発生する可能性があるからです。

同様に、申請時に「飲食物の提供」と1つの役務だけを指定していた場合に、「ケータリングの提供」という役務を追加することはできません。

どうしても追加したい場合には、別途追加したものを申請し直さなければなりません。後での追加はできないので、申請時には、指定商品・役務は、できるだけ広い範囲で、しかも漏れがない形で申請をすることが重要です。大は小を兼ねるということが当てはまります。

## 今後変更する可能性がある場合

「けれど、顧客の反応や時代に沿った名前に変えていきたい！」とか、「サービスの向上に合わせて名前もバージョンアップさせていきたい！」というように、今後変更する可能性があるとお考えの方もいらっしゃると思います。

そんな場合は、出願して、登録査定が出た後に、「権利年数」を短期間にするということも可能です。商標には権利期間があり、登録時に5年間か10年間かを選ぶことができます。

それ以上の期間は、順次更新料を払って更新していくことになります。

名前を変える可能性がある方は、まず権利期間を5年で登録して、5年後に今後もその名前を使っていくのかを考えた上で更新をするとよいでしょう。

なお、実際に変える場合には、前述したように新たに商標出願をすることになります。逆に、ブランドやサービスが既に確立していて、しばらくは変えずに使っていく場合には、10年間で登録するとよいでしょう。商標登録料も安くなりますし、更新手続の手間も減るというメリットがあります。

また、例えば、ロゴのデザインを変更した場合には、変更後のもので再申請する必要があります。似ているデザインだったら、再申請する必要はないと考える方もいらっしゃるかと思います。しかし、3年以上、登録された商標を使用していない場合、不使用取消審判というもので取り消されてしまうリスクがあります。

もし、デザインを変更後のロゴしか使用していない場合には、せっかく取った登録商標を取り消されてしまうリスクがあります。

そのため、将来的にロゴのデザインを変更する可能性がある場合には、ロゴのデザインが確定してから申請をすることが重要になります。また、この場合にはロゴよりも文字を優先して申請するということも有効です。

なお、ロゴの色を変える予定がある場合には、再申請が必要かと良く質問を受けます。

結論から申しますと、色を変えるだけならば、再申請は必要ありません。法律上、色が違う商標は、すべて同じ商標とみなされる運用がされています。このような運用がなされなければ、すべての色の商標について取得しなければならず、それは実質的には難しいからです。

## まとめ

まずは、拒絶されないために、特に、他人にすでに取られている名称か否かを判断するには、申請する区分を正確に把握した上で、外観、称呼、観念のいずれかが、他人の登録商標と類似するかどうかを判断することが重要になります。

また、申請する区分を決定した上で、ロゴで申請をするか文字を申請するかについても決定しなければなりません。

1度申請をしてしまうと、申請対象の文字またはロゴ、区分のいずれも基本的には変更ができないため、これらについては慎重に選ぶことが重要になります。

このような判断に迷う場合には、本章の対応する箇所を確認いただくことで、適正な権利取得の一助になれば幸いです。

次の第3章では、商標申請から登録までのスケジュールと、各フェーズごとにどのような費用がどのぐらい発生するのかについて解説させていただきます。

商標の申請から登録までの全体の流れと費用とを把握することで、事業計画、事業展開とリンクした手続きが可能になります。

# 第3章　商標申請の流れとスケジュール

# 1　商標申請から登録までのスケジュールと発生する費用

自社で商品を開発し、市場に販売する場合は、製品の特性や外見などに合わせた名称をつけられることが多いです。

自社の独自の商品を保護しつつ、ブランディングしたいときにも活用できるのが商標登録です。すぐに登録したいという要望がある一方で、商標を申請すれば即登録になるわけではありません。また、申請からどのような手続を経て登録までに至るのか、いつ、どのぐらい費用が発生するのか、複雑でわかりにくいという声をよく聞きます。

ちなみに、商標を申請してから登録になるまでは、2016年は6か月程度でしたが、2017年は7~8か月程度、2018年は8~9か月程度もの期間がかかります。

ここ数年は、年々、申請してから登録になるまでの期間が延びています。

このように期間が延びている理由は、特許庁の審査官の数は一定なのに対し、ここ数年は商標の申請数が激増しており、特許庁側において審査の処理に時間がかかっていることが要因です。

## 商標登録の流れ

ここでは、商標登録の流れについて、発生する費用を交えながらお話します。

【図表３　商標登録の流れ】

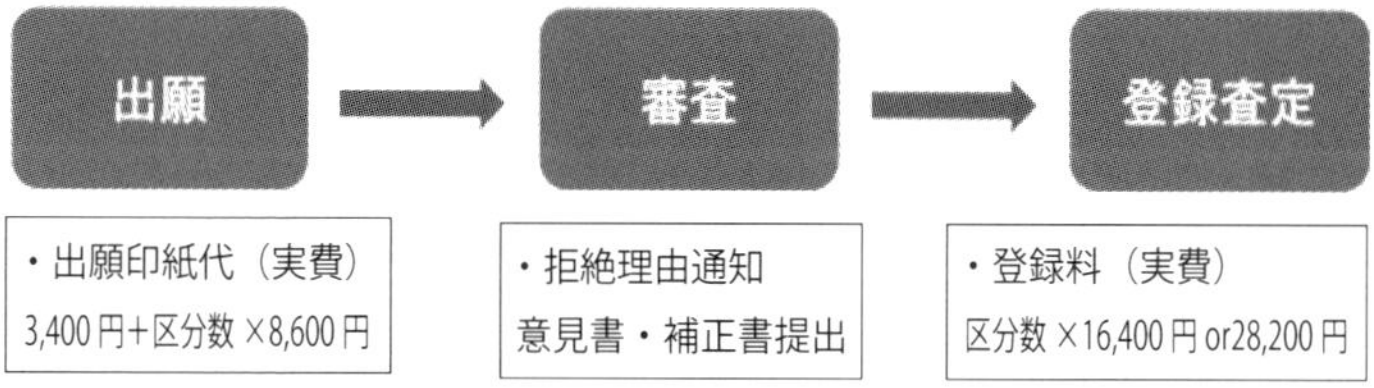


商標登録の流れは、図表３のようになります。

まず、商標申請の手続を行います。

商標申請の手続は、申請の書類を特許庁に提出することで行います。提出の際には、出願時の印紙代を納付することになります。

出願時の印紙代は、３，４００円＋８，６００円×区分数を特許庁に納付しなければなりません。

こちらの印紙代は、区分数とともに増加します。

例えば、１区分での申請の場合は１２，０００円ですが、２区分で申請する場合は２０，６００円が発生します。この費用は、特許事務所に依頼した場合であっても、自分で商標申請の手続をする場合のいずれのケースであっても発生します。

願書を提出したのち、まずは、特許庁において、出願の書類（願書）に形式的な不備がないかのチェックがされます。形式的な不備がもしある場合には、修正が指示されます。

申請した書類に、出願人の名前の記載がなかったり、商標を取りたい商標の記載がないなどの修正しきれないような重大な不備がある場合には、出願そのものが却下されます。

形式的な不備がない場合、申請した商標について、商標登録をしても問題がないかについての実体的な審査が行われます。審査は、特許庁の審査官によって行われます。

特許庁の商標の審査官ですが、一般的には、国家公務員試験の2種に合格者が担当しています。

審査の結果、商標登録をしても問題がないと審査官が判断すると、登録査定というものがなされます。これは、申請した商標が、審査に通ったことを意味します。

最後に、選択した権利の維持期間と対応する登録料を特許庁に納付することで、商標権が発生します。

権利の維持期間としては、5年と10年とがあります。

なお、5年の維持期間を選択した場合には、16，400円×区分数の登録料を特許庁に納付します。また、10年の維持期間を選択した場合には、28，200円×区分数の登録料を特許庁に納付することになります。

こちらの費用も、区分数に応じて増加します。あくまでも商標権の維持費用であり、実費としてどうしても発生する費用になります。

## まとめ

繰返しになりますが、まとめると次のようになります。

商標申請をするに際しては、商標登録の実費（特許庁への印紙代）として、次の費用は必ず発生します。

・出願料：３，４００円＋区分数×８，６００円
・登録料：区分数×１６，４００円（５年）、区分数×２８，２００円（10年）

自分で手続を行う場合は、これらの実費費用に加えて、電子化手数料というものが発生します。この費用は、紙で申請した申請書を、特許庁のデータベースで管理しやすくするために電子化するのに際して発生するものです。

電子化手数料は、手続1件につき１，２００円、さらに書面1枚ごとに７００円です。

仮に1枚の出願書類（願書）を特許庁に申請した場合には、１，２００円＋７００円の１，９００円が発生します。もし、複数の手続を1度に提出する場合には、各手続（1件）ごとに電子化手数料が発生します。

電子化手数料については、振込用紙が郵送されてきます。30日以内に所定の金融機関に振込みをしない場合には、出願自体が却下されます。

## ２　商標申請から登録までの全体のスケジュール

### 区分の選択

商標申請時に最初にしなければならないことは、区分を選択することです。

ここでの区分は、登録をする際に、商標の内容がどのカテゴリーに入るかを示すものになります。

例えば、第３類なら化粧品、第５類ならサプリメント、第35類ならコンサルティング、第41類ならセミナーや研修などのカテゴリーになります。

そこで、そのカテゴリーが広いほど、区分数が増えていきます。商標の内容がそこまで包括しているようでなければ、基本的には１区分での申請となります。

例えば、化粧品とサプリメントを販売する業者の場合、第３類の化粧品と第５類のサプリメントとを指定した願書を作成します。

また、あるコンサルタントが、コンサルティングだけではなく、企業研修なども行う場合には、第35類のコンサルティングと第41類の研修の区分を指定した願書を作成します。

## 商標出願には事前の調査が大事

商標は、自己と他人の商品・役務とを区別するために用いられるものであるため、図表４に該当する商標は登録を受けることができません（商標法第３条）。

このように独自の商標を決めた上で、登録の可能性があるかを見極めることが大事になります。特許庁のデータベースを使用することが一般的な調査方法です。

しかし、過去の審査例や特許庁データベースと信頼のおける調査機関のデータベースを併用し、類似商標が過去に拒絶されていないかを徹底して検証することで、より登録の確度を高めることができます。

【図表４　出願の事前調査】

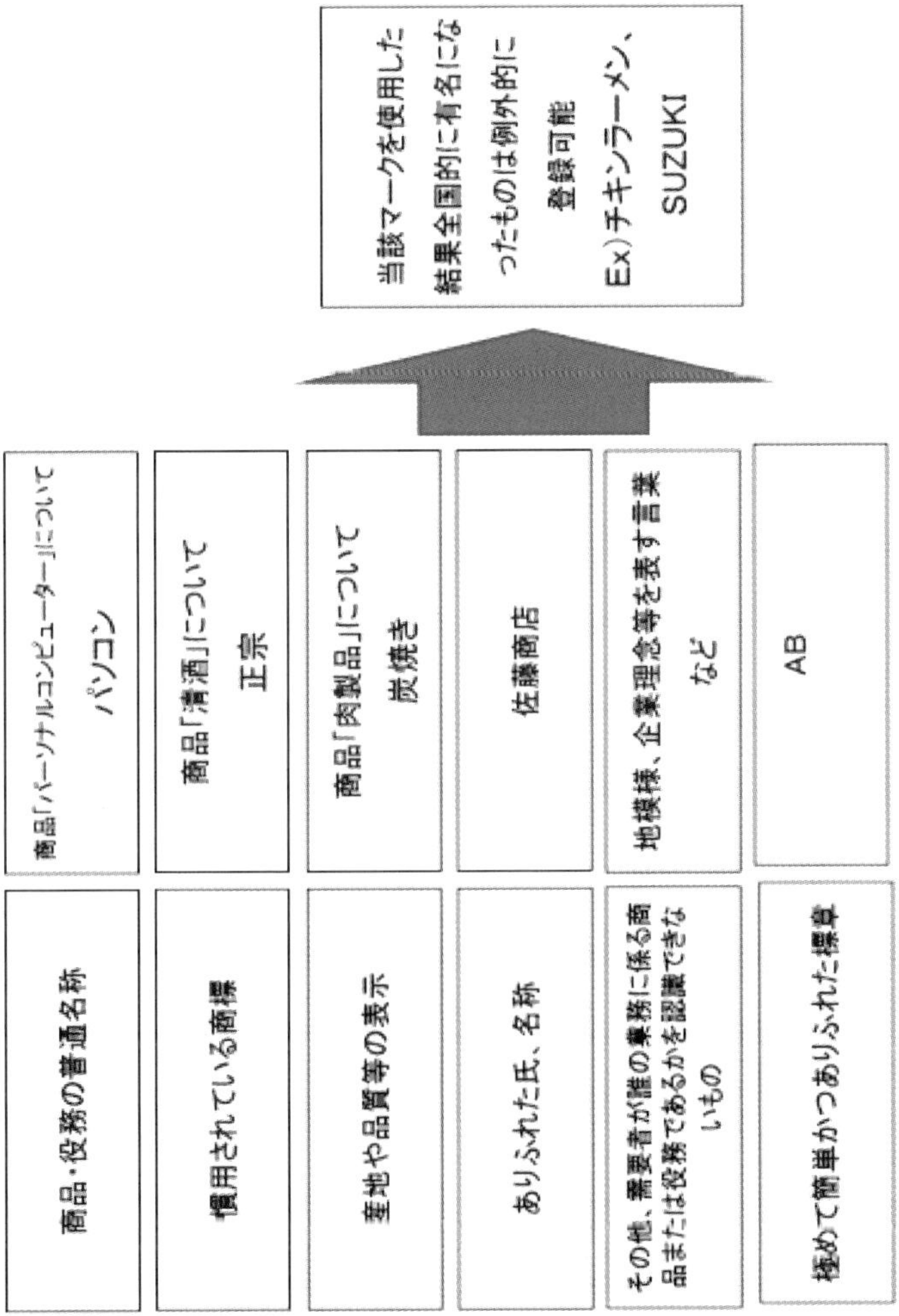


出所：特許庁資料

## 商標の審査待ち

審査の中で、一般的に30～40％程度の割合いで拒絶理由通知が来ることがあるといわれます。審査の結果、商標登録ができないと審査官が判断した場合、拒絶理由というものが通知されます。もっとも、拒絶理由が届いたからといって登録が難しいというわけではありません。拒絶理由に対する「意見書」を提出することで、登録ができるケースもあります。

拒絶理由というと、絶望的な響きがありますが、反論することで、解消する可能性があるのです。また、ほんの少し修正するだけで解消するというケースもあります。

意見書は、これまでの実例を検証し、過去の判例や審査例などを参考にすることで、登録できる可能性を高めることができます。

## いよいよ商標登録

審査は、申請から約9か月ほどで登録査定を受けることができます。登録できるという通知が来たら、登録料を納付し、いよいよ商標の登録になります。

登録査定がされたのち、最初にすることは、権利の維持期間を5年または10年のいずれにするかを決めることです。

ライフサイクルの短い商品の場合、5年が選択されることが多いです。一方で、長期にわたって使用し続ける場合には、10年が選択されることが多いです。

# 3　弁理士が申請をサポートする場合は時間短縮になるか

## 商標申請は早い者勝ち

1日も早く申請したいというお声を、弊事務所でいただくことが多いです。商標申請は早い者勝ちという性質がある以上、競合他社に先に申請をされないか不安という気持ちは良くわかります。また、目の前の業務や、経営、従業員の問題などに忙しい社長にとって、本業以外のことに時間を割けないという実情もあります。

結論から申しますと、商標申請を特許事務所に依頼をすることで、申請までの時間は飛躍的に早くなります。

処理が速い事務所ですと、取りたい商標とその商標を何に使うのかを伝えるだけで、即日に申請をしてくれるところもあります。

毎年、何百件と申請をしている特許事務所にとっては、過去に申請をした案件については情報が共有化されています。

また、過去の蓄積で、とてつもない数の申請を行っているため、新規に受注をする案件については、初めて担当するケースであるということはほとんどありません。

そのため、例えば、セミナー講師や教室であれば、「第41類の、知識の教授と、セミナーの開催と、研修の開催と、資格試験の実施と……を指定すれば良い」という形で、ある程度パターンも決まっているケースもあります。

出願の書類を作成してから申請するまでの流れも事務所内で構築されているため、処理もスムーズで、当然、社長が自ら出願書類を作成して申請するよりも効率は良いです。

このように1日でも早く申請をしたい場合や、忙しくて、自分で商標を申請する時間を割けない場合などは、特許事務所を活用することが有効と言えます。

また、ほとんどの事務所では、商標申請前に商標を取得できるか否かの調査をしてくれます。これによって、無駄な申請をするというリスクを軽減できます。

申請して、拒絶になってしまい、審査結果が出た9か月に再度出し直しとなると、商標権を取得できる日がかなり先になってしまうというデメリットもあるため、申請前の調査はとても重要です。また、これから使おうとしていた商標が、実はすでに取られていて、警告状を後々送られるというリスクを軽減できます。

さらに、申請をしてから、通常は、審査が完了するまで8~9か月の期間がかかるところ、早期審査請求という制度を使えば3か月ほどで審査結果を得ることもできます。

こちらの審査請求は非常に便利なのですが、条件が厳しく、自分で手続をするハードルが高いというデメリットがあります。そのため、このような早期審査請求まで検討をしている場合には、まとめて特許事務所に依頼をしてしまったほうが良いというケースもあります。

# 第4章　商標申請書類作成ガイド・マニュアル

# 1　文字の商標調査の方法

## 商標検索する

商標検索をすれば、これから使用しようとしている商標が、他社に取られているのかどうかを簡単に確認できます。

調査をすることで、自社の顔となる商標や、主力として展開したい商品名やサービス名を申請したところが、すでに他人に取られていたということを防げます。

とくに、化粧品の分野については、半分以上が商標権を取得されているという実情があります。

本章では、初心者の方でもできる商標検索の方法について、解説しました。

## 「J-Plat-Pat」を利用した商標検索

特許庁のデータベースである「J-Plat-Pat」を利用して、すでに登録されている商標を検索してみましょう。こちらのシステムは無料で利用できるものです。

検索エンジンなどで、「J-Plat-Pat」で検索をすることで、特許庁情報プラットフォーム「J-Plat-Pat」のトップページ（図表5）にアクセスし、トップのメニューから「Ⓡ商標」をクリックします（図表6）。次に、図表7のように「3．称呼検索」をクリックします（図表8）。

【図表５　「J-Plat-Pat」のトップページ】

【図表６　「Ⓡ商標」をクリック】

【図表７　「３．称呼検索」をクリック】

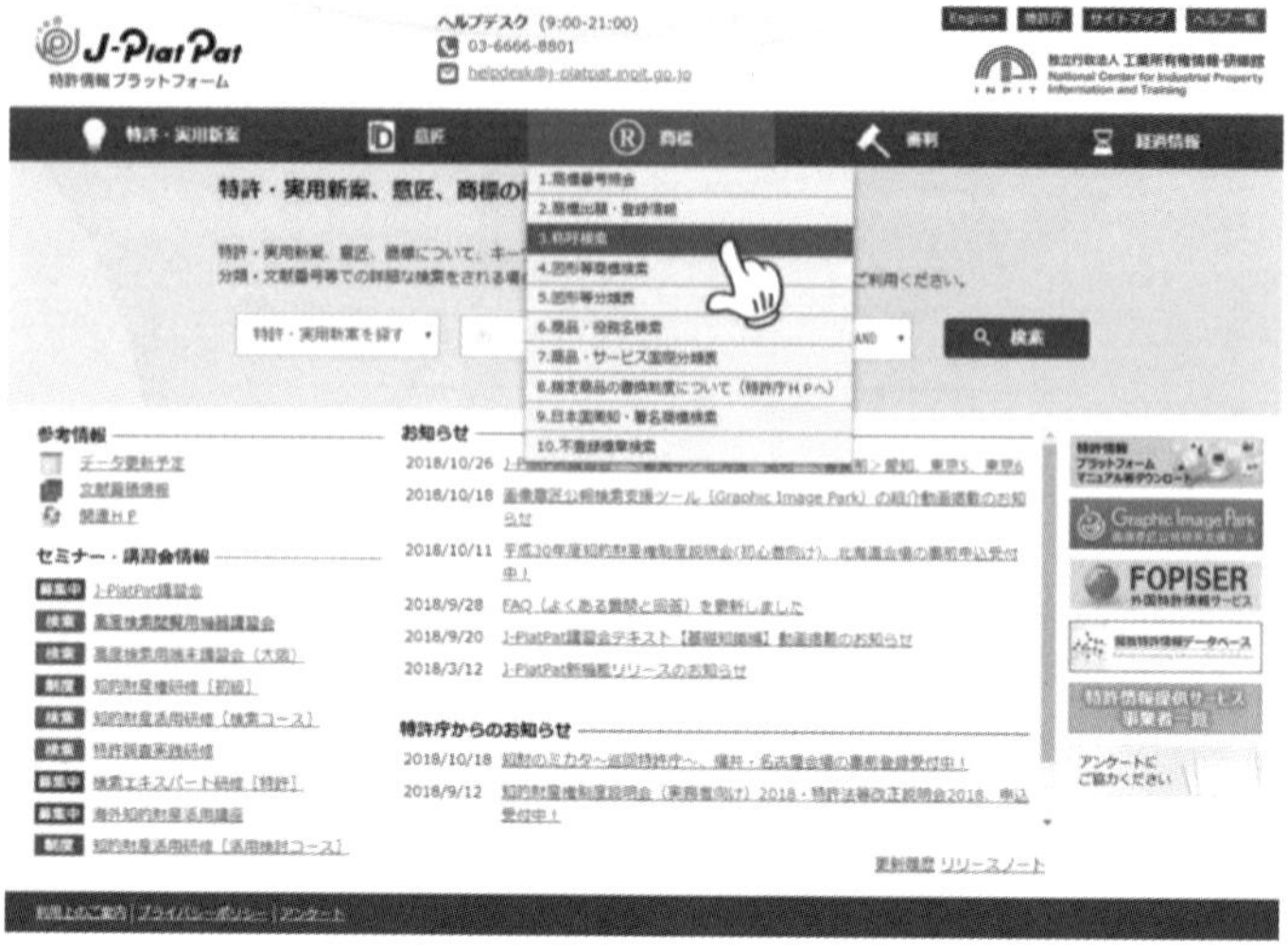


【図表８　「称呼検索」のページ】

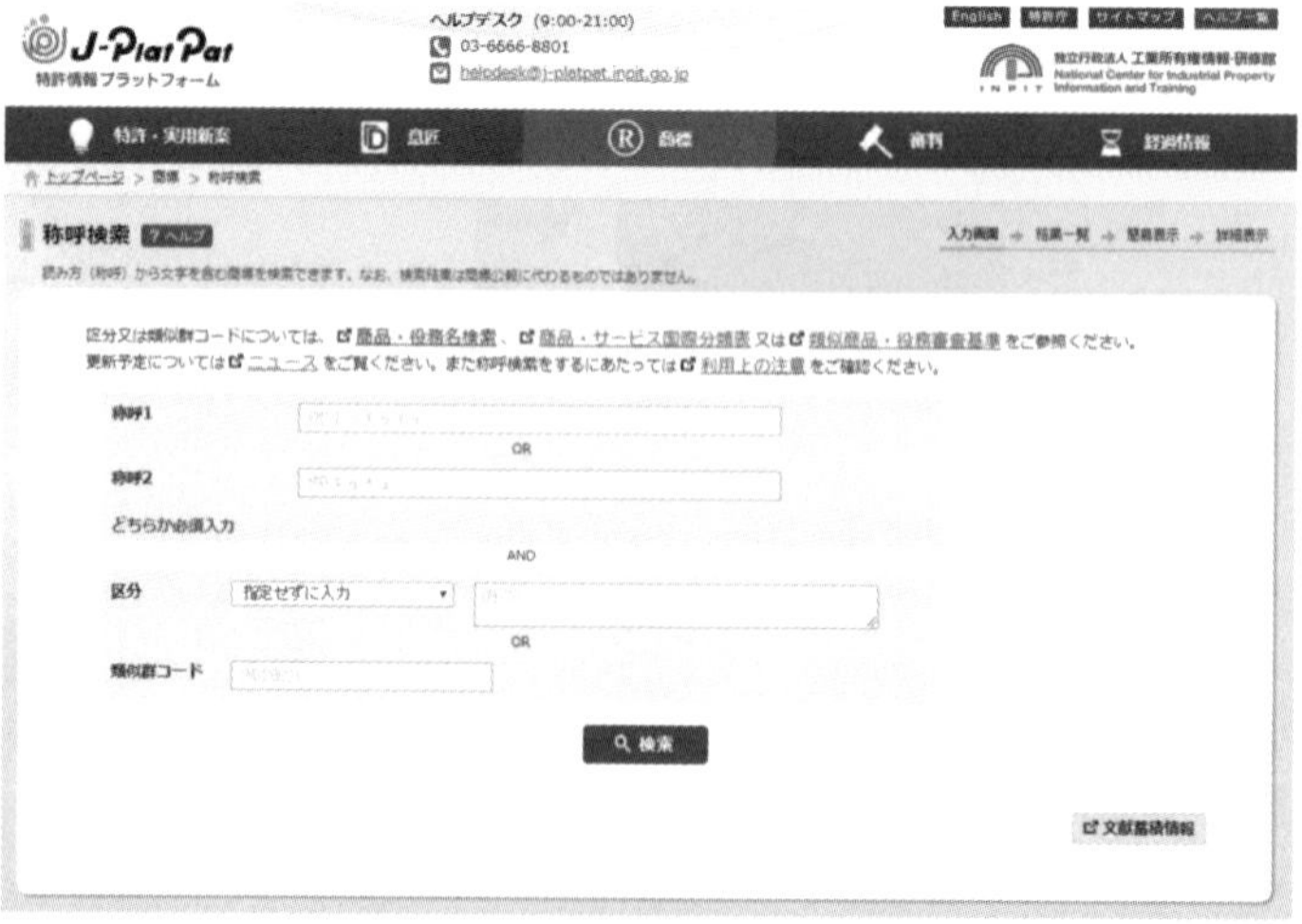

【図表９　「称呼１」の欄に「ボンジュール」と入力】

今回は、フランス語で「こんにちは」を意味する「ボンジュール」という商標でフランスのお菓子を販売したい場合を例にします。

検索する大きなポイントは、

①「ボンジュール」という名前で商標登録があるか

②「ボンジュール」という商標があれば、お菓子の分野で登録があるか

です。

「区分」については、全区分45区分中で、お菓子は30類となります。

図表8の「称呼1」に出願を希望している商標名を書いてみましょう。「ボンジュール」カタカナでの入力になります（図表9参照）。

その結果、称呼で「ボンジュール」に関連する商標が図表10のように113件もありました。

図表10のように一覧表示（類似種別順）をクリッ

【図表10 「ヒット件数13件」と「一覧表示（類似種別順）」の表示】

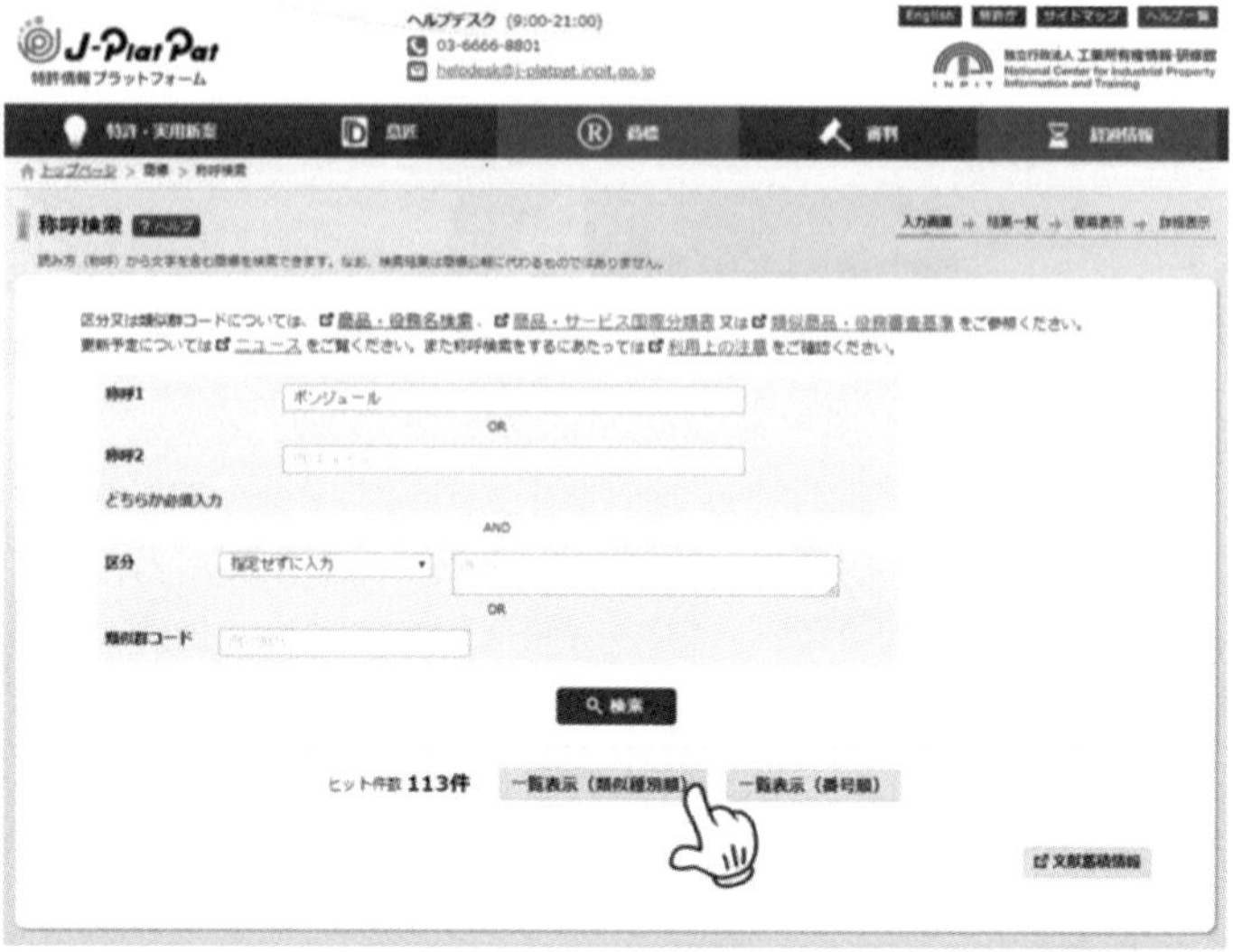


クします。

図表11の検索結果一覧の項目を左から確認する項目を見ていきます。

・出願／登録番号：こちらの商標が出願されて登録になっているかを知ることができます。

登録　000000と表記されている商標は、すでに登録済みの商標です。

商願　年号-000000と表記されている商標は、審査中の商標です。しかし、オンラインでの検索結果にはタイムラグがありますので、商標登録になっている可能性があります。

また、年号が明らかに古い場合ですと、登録に至らなかったことが確認できます。

国際登録　000000と表記されている商標は、海外から日本の特許庁へ出願をして登録になった商標です。

【図表 11 「検索結果一覧」の表示】

・商用（検索用）：こちらは登録されているもしくは登録を希望している商標を確認できます。

表示の記号は図表12をご参考ください。

・称呼（参考情報）：こちらは商標がどのような称呼で登録されているか確認できます。

・区分：こちらは商標がどのような内容で登録されているか確認できます。

特許庁で決められている区分は、全部で45区分あります。

「ボンジュール」で検索した場合、113件もの登録例がありました。

113件の中には、今回登録をしたい「お菓子」以外の分野のものも混ざっています。

この中で、「ボンジュール」が、商品「お菓子」を対象に登録になっているかを、す

## 【図表12　商標（検索用）データの特殊記号について】

### 商標（検索用）データの特殊記号について

商標（検索用）データには、商標の表示形態が特殊な構成、態様からなる場合など、『§』『∞』『＼』等の特殊記号が付与されています。

特殊記号

| 特殊記号 | 記号の意味 | 商標の態様 | 商標（検索用）データ | 備考 |
|---|---|---|---|---|
| § | 特殊態様 | TBS | §TBS | 当システムで使用している文字コード表以外の文字の使用、あるいは特殊な構成、態様からなる場合、先頭に『§』を付与。 |
| ∞ | 構成分離 | 大賞 | 大賞∞ウヨシイダ | 商標が2以上の部分に分離された構成からなる場合（縦書きと横書きからなる商標など）に、構成が変化する文字間に『∞』を付与。 |
| | | | 大鳳∞正宗 | |
| ▲▼ | 置換始まり<br>置換終わり | 傘寿 | ▲傘▼寿 | 当システムの文字コード表で設定された漢字に含まれない文字については、置換記号『▲▼』で置換する文字を囲む。 |
| ¢ | ラテン文字記号 | Märchen | ¢Marchen | 商標（英数字）中に、`（アクサンテギュー），'（アクサングラーブ），^（アクサンシルコンフレックス），（トレマ,ウムラウト）等の符号の付いた文字（ラテン文字等）が存在した場合、それぞれの符号を除いた文字を表し先頭に『¢』を付与。 |
| ＼ | 段併記 | 花<br>FLOWER | 花＼FLOWER | 商標が2段又は2行以上の併記で構成されている場合、各構成文字を『＼』で連結。 |

べてを精査するには、大変な手間がかかります。

そのため、「ボンジュール」で商品「お菓子」を対象にしているもののみに、113件の検索結果をフィルターにかける必要があります。

検索結果をフィルターにかけるには、類似群コードを使います。類似群コードとは、商品・サービスの性質を識別するためのコードです。

類似群コードは、商品・サービスごとに割り振られています。類似群コードを検索する際に、入力することで、同じ類似群コードが割り振られている（すなわち、関連する商品）へと検索結果にフィルターをかけることができるようになります。

類似群コードの調べ方ですが、まず、商標のタブから「6.商品・役務名検索」を選択します（図表13参照）。

こちらを選択すると、図表14のような画面になります。この画面で、「商品・役務名」の欄に「お菓子」と入力し、検索ボタンを押します。すると、検索結果として「お菓子」を含む商品が抽出されます。

【図表 13 「6. 商品・役務名検索」を選ぶ】

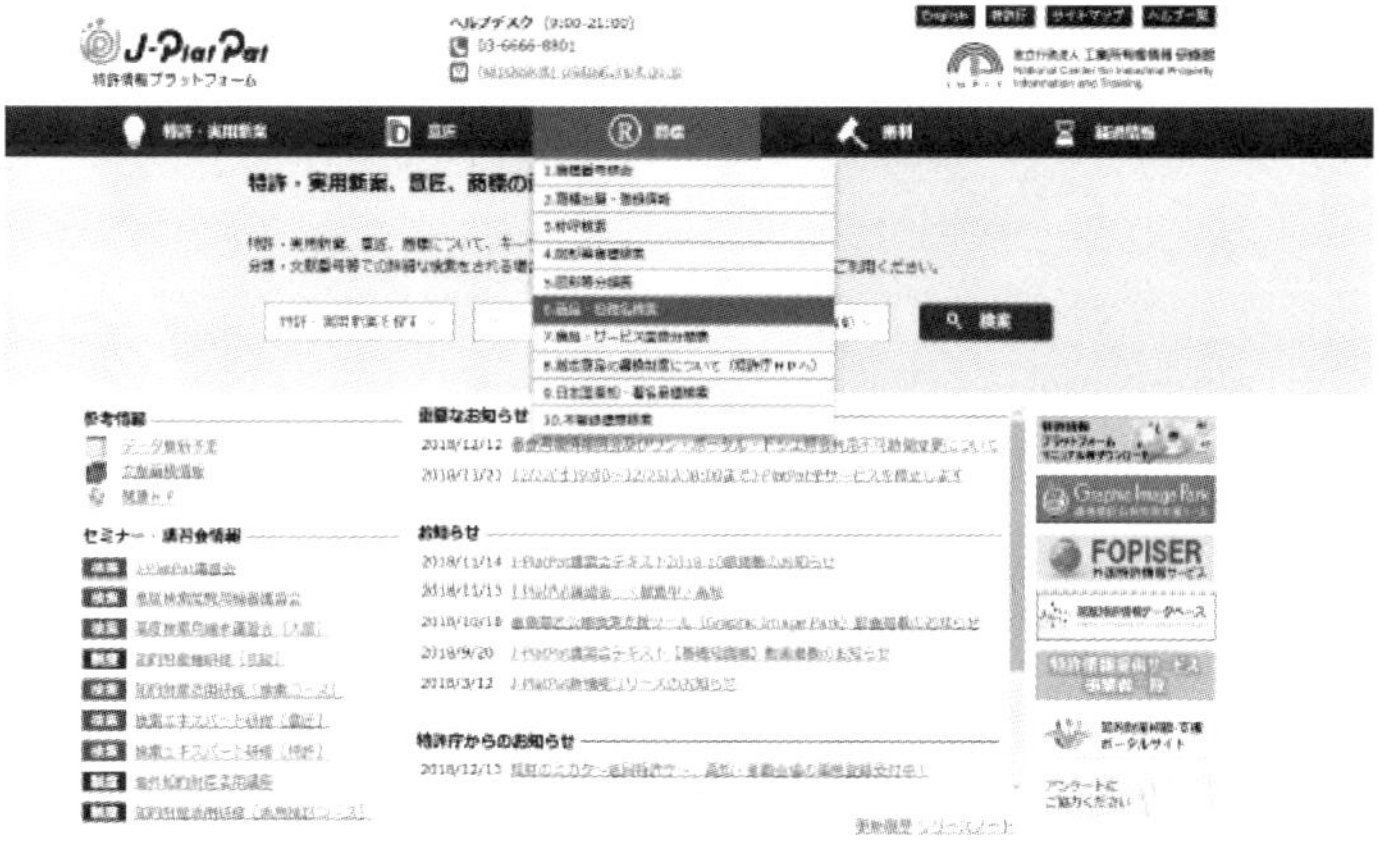


【図表 14 「商品・役務名検索」欄】

【図表15 「類似群コード」欄】

一覧表示のボタンを押すと、次の画面に切り替わり、「お菓子」を含む商品と、その商品の類似群コードが一覧で表示されます（図表15参照）。

図表15の画面の一番右に「類似群コード」という欄があります。

お菓子の類似群コードは、「３０Ａ０１」であることがこれでわかりました。この類似群コードを控えるのを忘れないようにします。

一番最初に戻って商標のタブから「３．称呼検索」を選択します。

図表16の称呼検索画面の称呼1の欄に「ボンジュール」と入力し、類似群コードの欄に先ほど調べて控えておいた類似群コード「３０Ａ０１」を入力し、検索ボタンを押します。

すると、先ほど１１３件であった検索結果が、類似群コード「３０Ａ０１」であるもの22件へと絞られています（図表17参照）。

【図表 16 「称呼検索」欄に戻り「類似群コード」を入力し検索】

【図表 17 「検索結果一覧」が「22 件」に絞られた】

【図表18 「選択された文献」で詳細を確認】

検索結果の一覧を見てみますと、類似群コード「30A01」を含む、区分30類・35類へと検索結果が絞られています。

こちらの検索結果は、基本的には「ボンジュール」に称呼が近いものから順番に上から表示されます。

一番上のものを選択すると、図表18のようにその詳細を確認できます。

称呼検索の結果からすると、

①「ボンジュール」という商標の登録例は多数ある

②「ボンジュール」という商標でのお菓子に関しての登録もある

ということから、「ボンジュール」で商標登録できる可能性はほぼないことが確認できます。

しかし、今回は、登録は厳しいものの、少し名前を変えたり、ロゴのデザインを変えることで、登録できるようになるケースも珍しくありません。

例えば、「ボンジュール○○」や、「○○ボンジュール」のように、「ボンジュール」という言葉に他の単語を追加することで登録になる可能性があります。

登録可能性を高めるために注意しなければならないのは、「ボンジュール」と追加する単語の「○○」との間にスペースを空けないことです。

「ボンジュール　○○」のように、スペースを空けてしまうと、「ボンジュール」という単語が単独で認識されやすくなり、その結果、先行登録例の「ボンジュール」と紛らわしいことを理由に拒絶されやすくなります。

## 2　図形の商標調査の方法

### 図形の商標調査

商標には、「単なる文字のみ」の商標以外にも、「図形」によって登録された商標も数多く存在します。

もし、図形を使用する商標で登録を希望する場合、例えば、ペガサスの絵が入った商標（ペガサスの絵のみでも可能です）で登録を希望するものと仮定して、それがすでに登録されているかどうか調べてみることにしましょう。

そのような「ペガサスの図形」をすでに使用している登録商標を探そうと思ったとき、文字だけで検索をしても思うように探すことはできません。

特許庁情報プラットフォーム「J-Plat-Pat」で、文字による検索（称呼検索）で探そうとすると、「ペガサスの文字」を使用した商標は探すことができても、図形（絵）についてまでは探してくれないのです。

そこで、「図形等商標検索」という検索方法を用いることによって、図形商標の効率的な検索が可能になります。

## 「J-Plat-Pat」を利用

特許庁のデータベースである「J-Plat-Pat」を利用し、すでに登録されている図形等商標を検索してみましょう。

まずは、特許庁情報プラットフォーム「J-Plat-Pat」を開きましょう。

文字検索の場合と同様、図表19が特許庁の情報プラットフォーム「J-Plat-Pat」のトップページです。

図表19の上のメニューから、図表20のように「Ⓡ商標」をクリックします。

次に、図表21のように「4．図形等商標検索」をクリックします。

こちらの「図形等商標検索」で簡単に確認できることは図表22のとおりです。

【図表 19 「J-Plat-Pat」のトップページ】

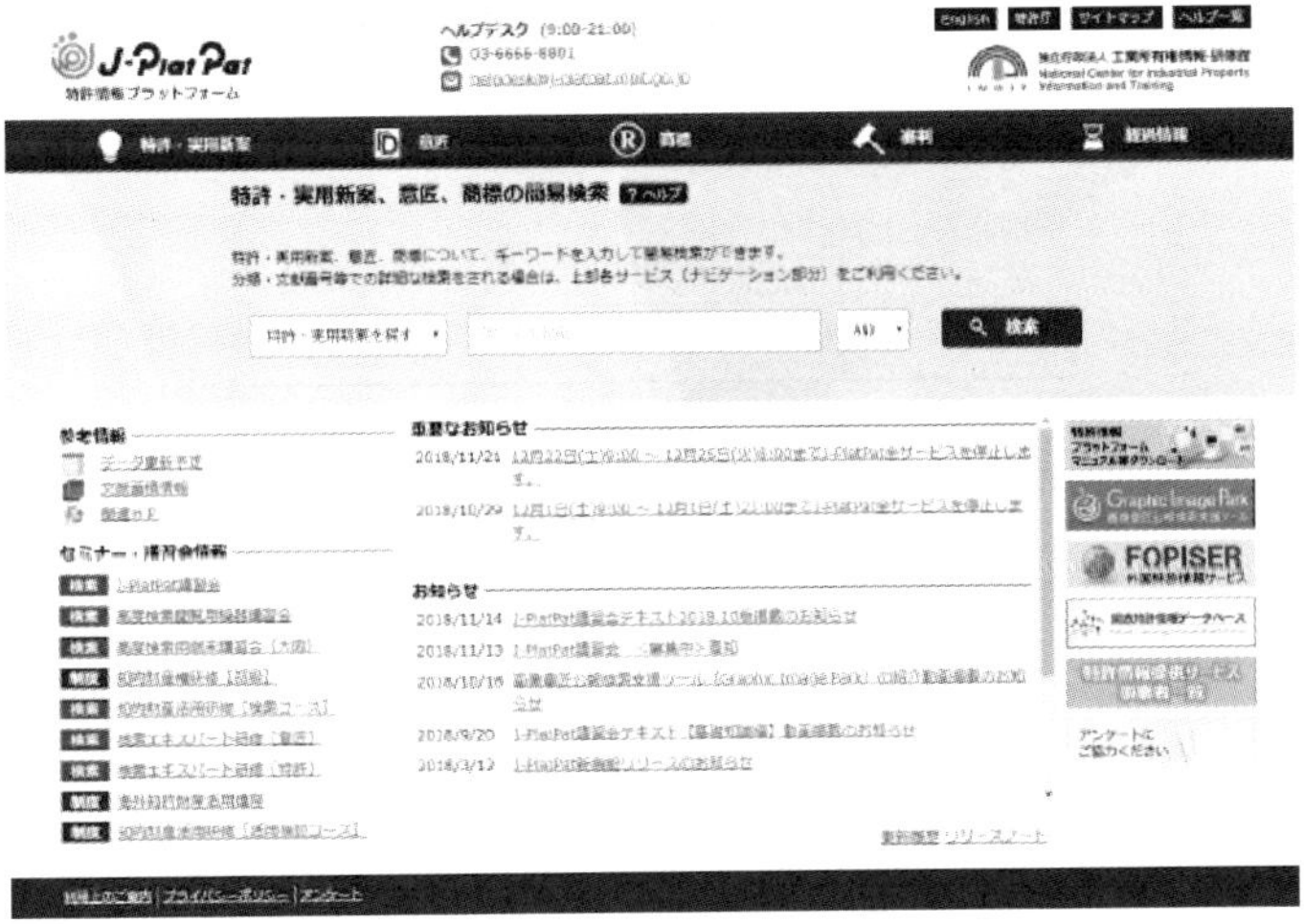


【図表 20 「Ⓡ商標」をクリック】

【図表 21 「4．図形等商標検索」をクリック】

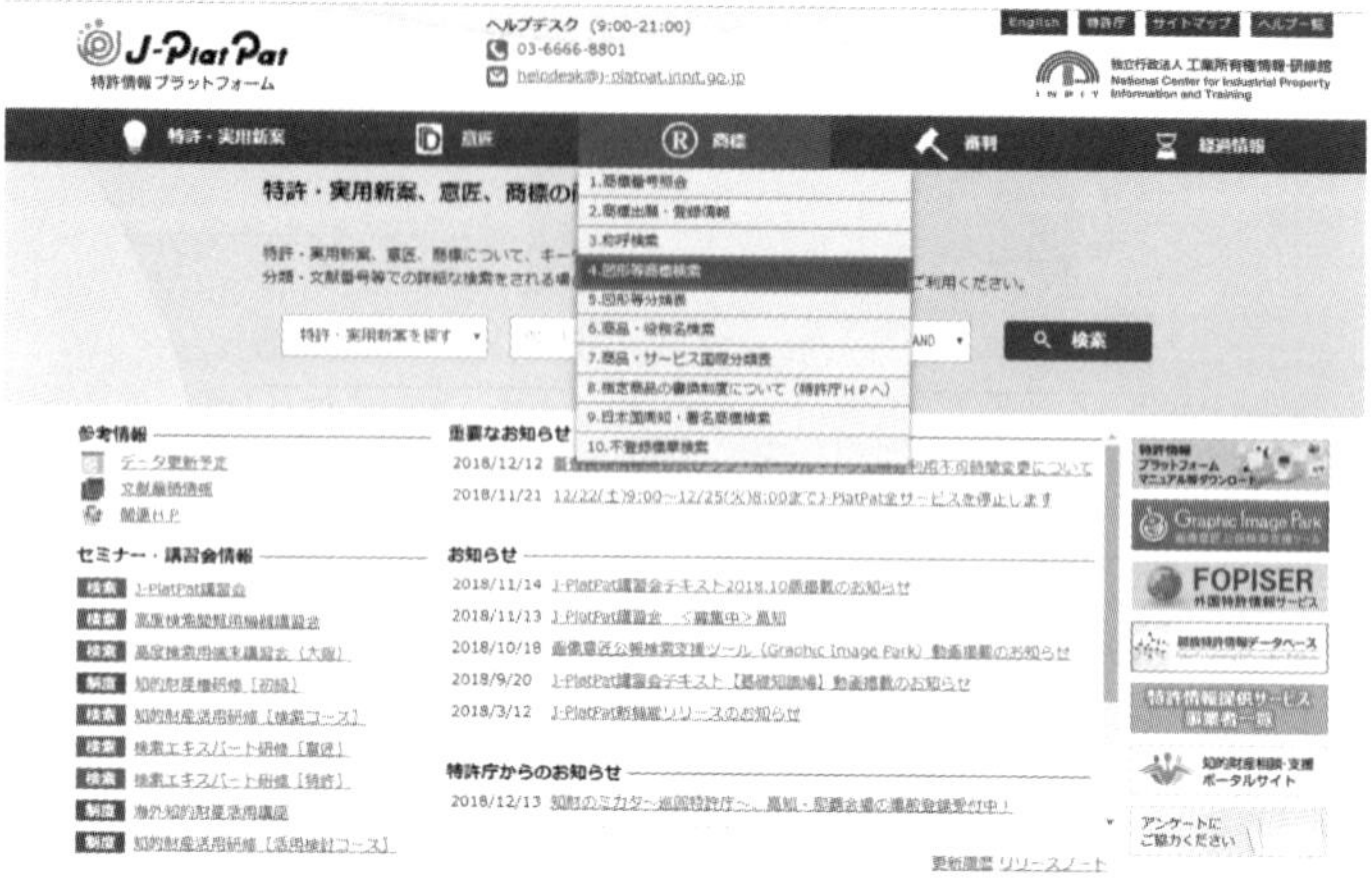


【図表 22 「図形等商標検索」画面】

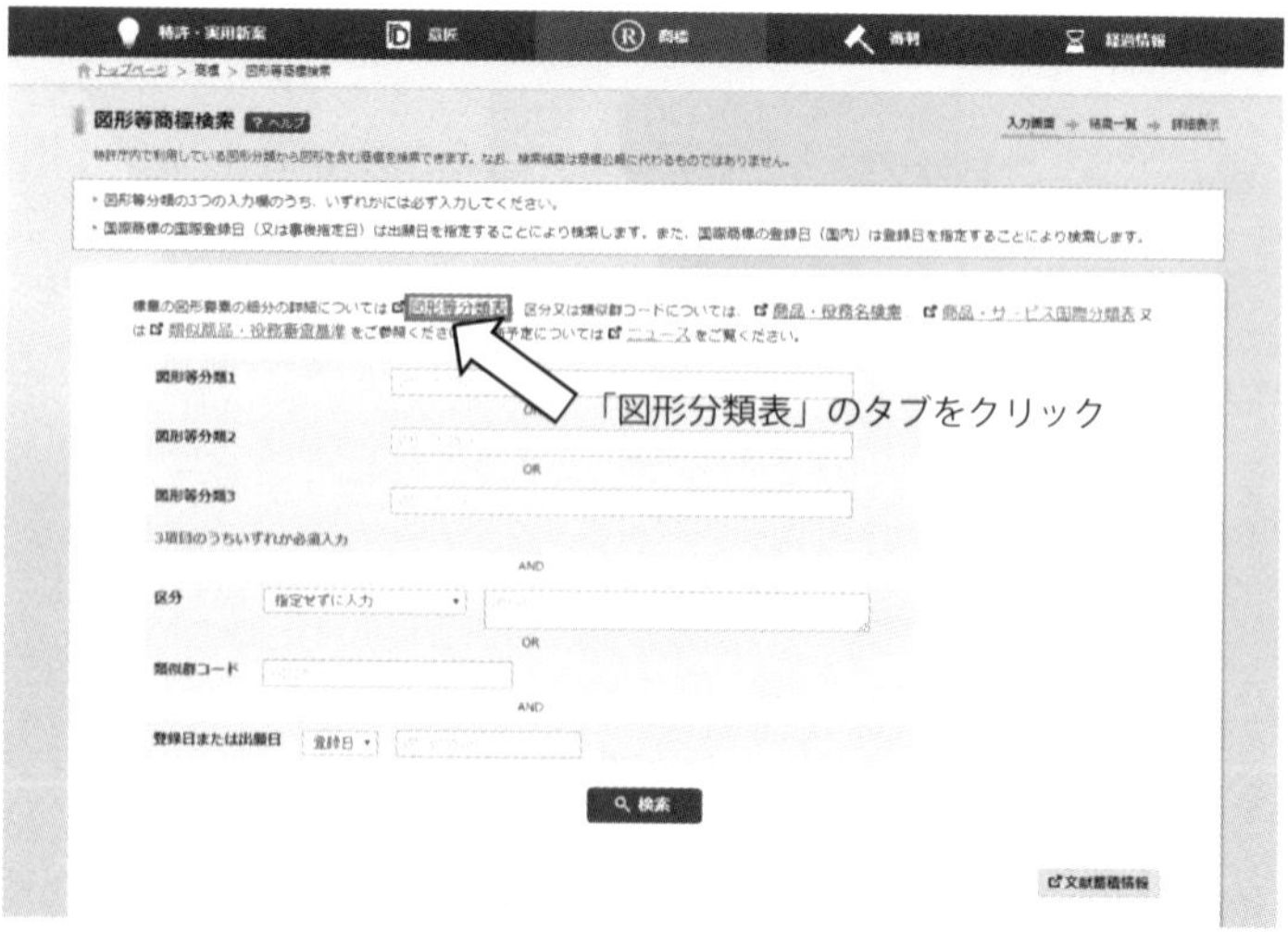

そこで、ここでは、例として、「ペガサス」の図形を、「コーヒー」を指定商品として使用した商標登録があるかないかについて、図形等商標検索をしてみようと思います。

検索する大きなポイントは、

①「ペガサス」という図形で商標登録があるか

②「ペガサス」という図形で商標登録があれば、指定商品「コーヒー」で登録があるか

サービス分野のことを特許庁の登録基準では「区分」として扱っています。全区分45区分あり、その中で「コーヒー」は第30類に含まれ、類似群コードは29B01になります。

まず、検索に当たり、図表22の画面の中の「図形等分類」の３つの欄のうち少なくとも１つを埋める必要があります。

しかし、この分類は特許庁の基準によって行われており、ペガサスがどのような図形として分類されているのかについて、多くの方はわからないと思います。

したがって、ペガサスがどのような図形として分類されているのかをまず把握する必要があります。図表22の画面の上方にあります「図形等分類表」のタブをクリックしてみましょう。

すると、図表23のような画面に辿り着くことができます。

この「大分類」という項目の中で、「ペガサス」が含まれていそうなものを検討します。すると、ペガサスは、「4．超自然的・伝説・空想又は確認できない生き物」に含まれることが予想されます。

したがって、図表23の画面で、「4．超自然的・伝説・空想又は確認できない生き物」の左側に

【図表 23 「図形等分類表」の「大分類」画面】

ある矢印のタブをクリックします。

すると、図表24のような画面が出てきます。

① ここで、今回の検索対象であるペガサスが見つかったので、当該「4．3．5 ペガサス（翼を有する馬）」という項目をクリックします。

② クリックすると画面下方にある欄に自動的にコード番号（今回は「4．3．5」になります）が表示されます。

③ その番号が表示されていることを確認した後に、右側にある「セット」のタブをクリックします。

以上の操作により、図表25のように、図形等分類1の欄にペガサスのコード番号である「4．3．5」がセットされました。

この状態で「検索」タブをクリックしてみましょう。すると、ヒット件数が２８０件あることが判明します。

この段階で検索を進めていっても構いません。しかし、２８０件ですから、探すのに手間がかかりそうです。

【図表 24 「ペガサス」の表示画面】

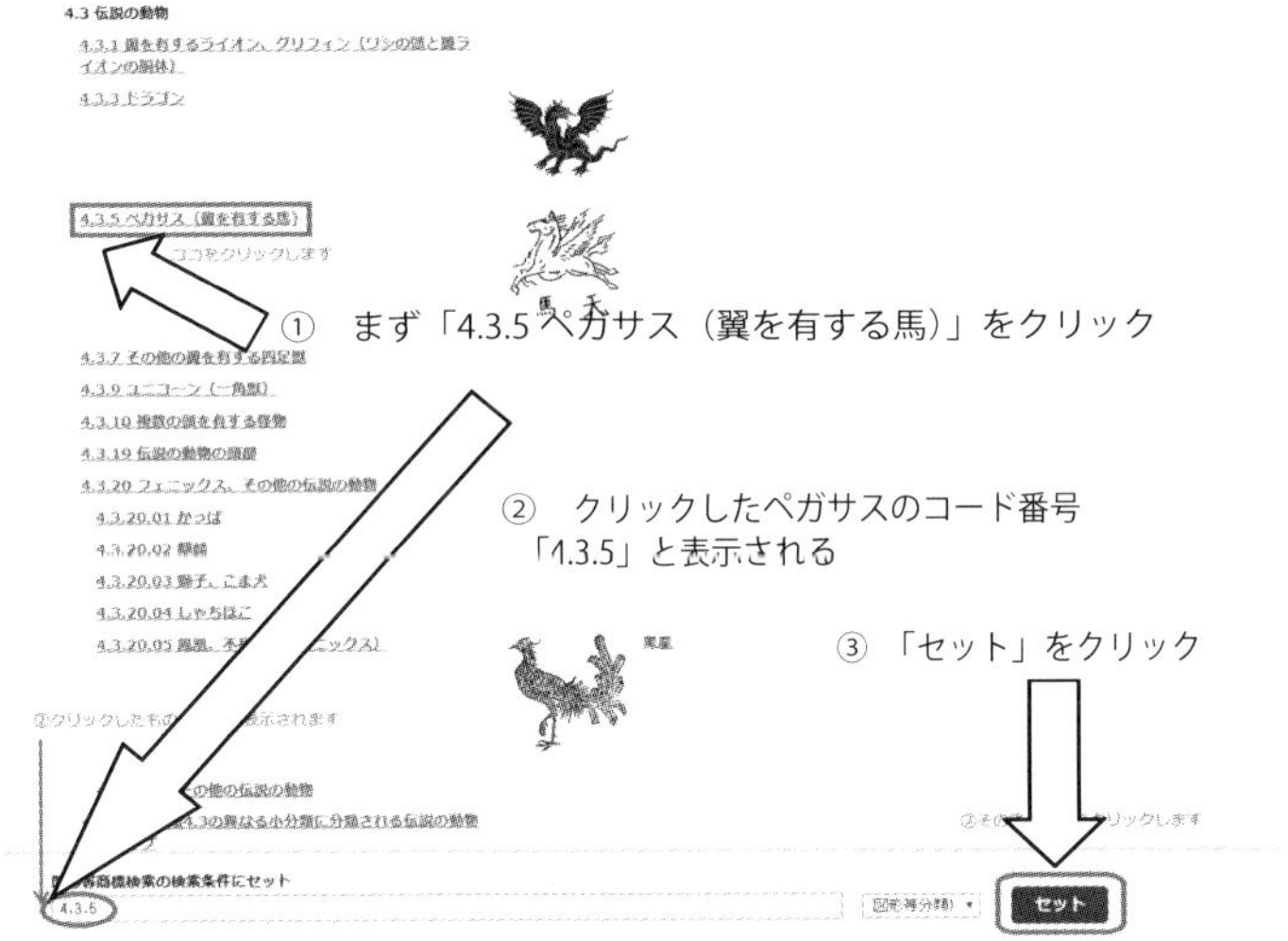


【図表 25 「図形等商標検索」の画面】

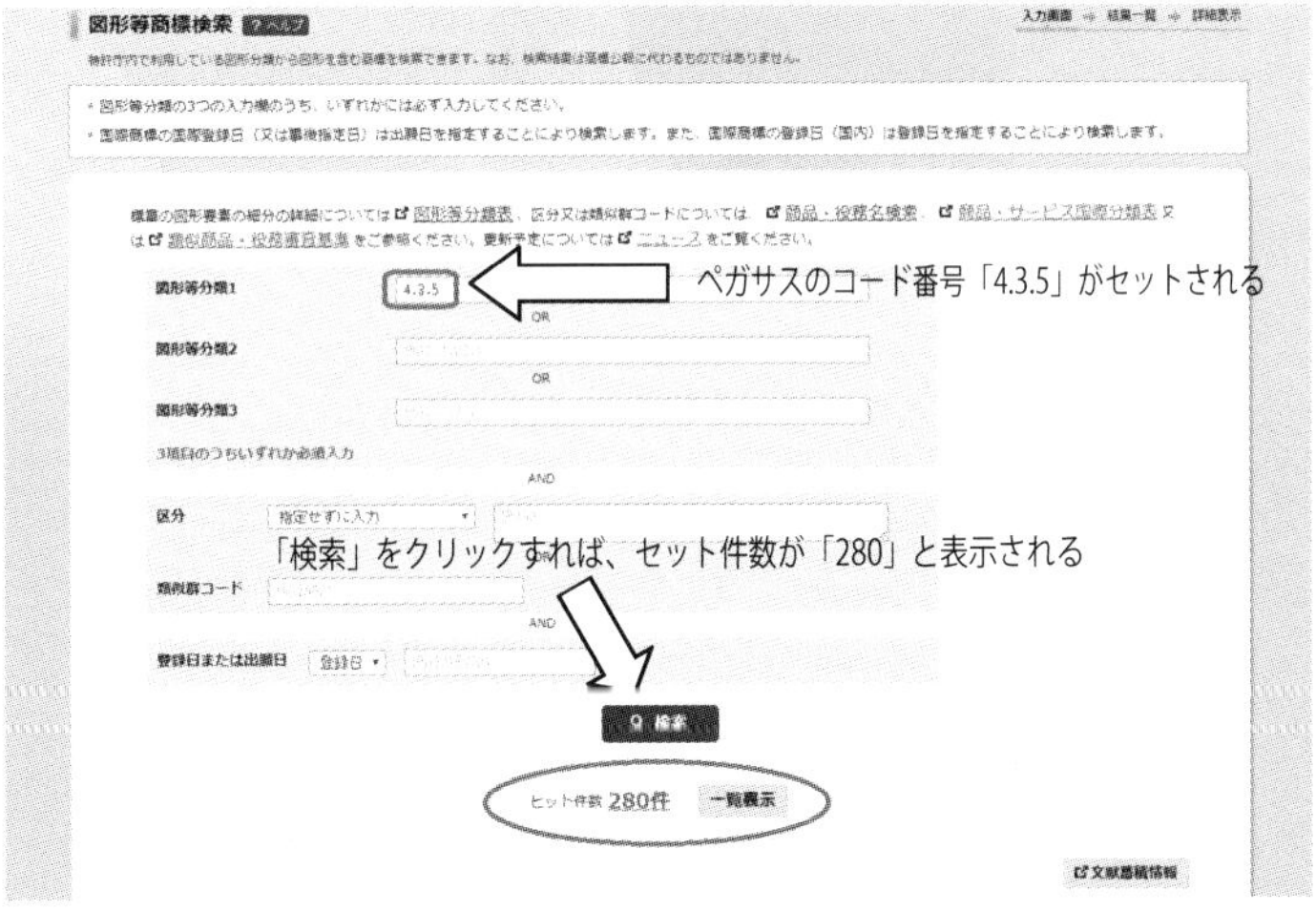

【図表 26 「図形等商標検索」の画面で「類似群コード」を入れ、絞る】

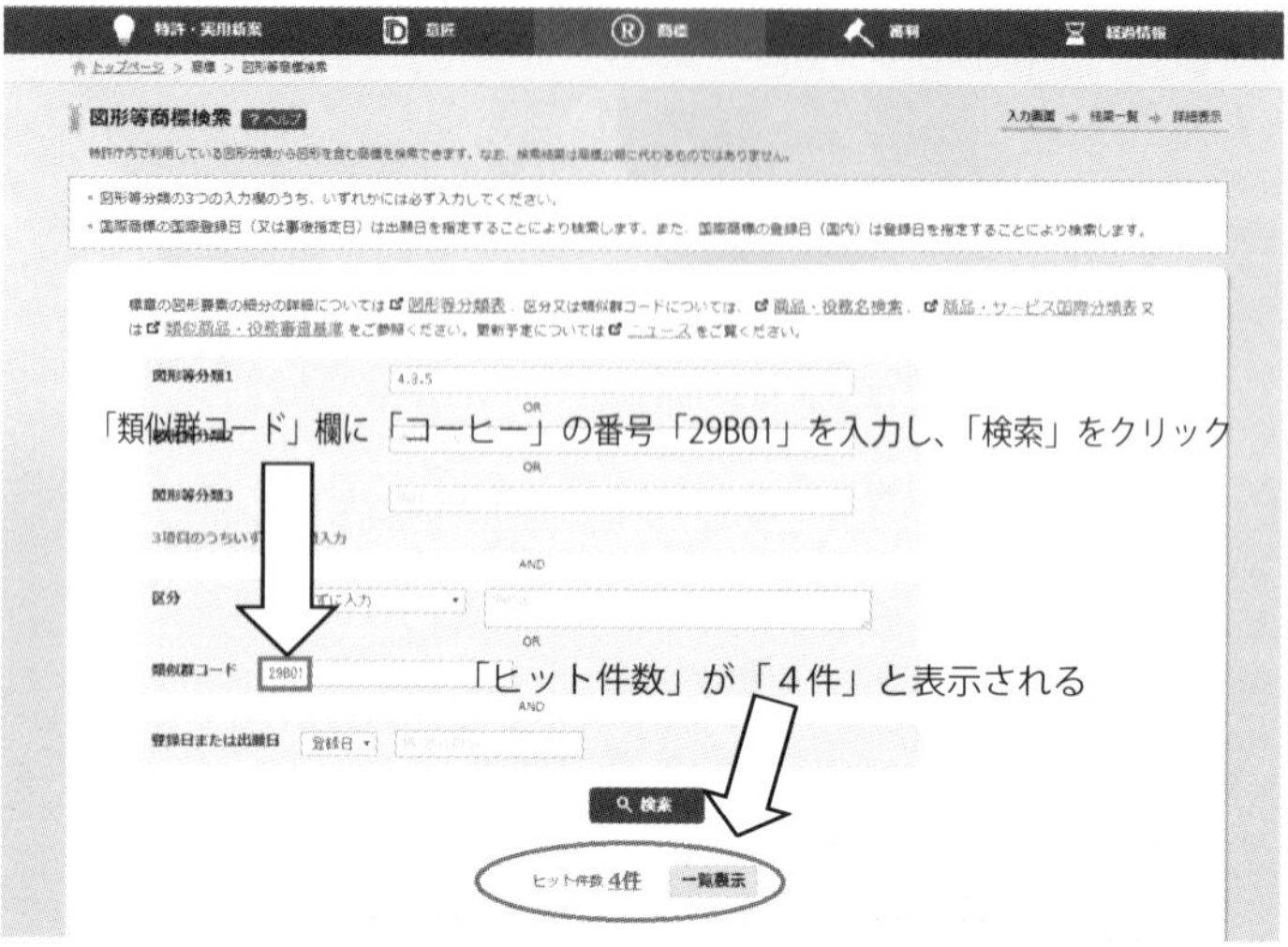


したがって、今回の検索対象である指定商品「コーヒー」をさらに追加してみたいと思います。

図表25の画面の「類似群コード」の欄に「コーヒー」の番号である「29B01」を記入してみました（ちなみに、コーヒーの類似群コードが29B01であることは、別の方法によって把握することができますが、今回は割愛します）。

この状態で改めて「検索」タブをクリックしてみましょう。すると、ヒット件数が4件であることが判明します（図表26参照）。

つまり、指定商品「コーヒー」を追加することによって280件から4件まで検索対象を絞り込むことができたということになります。

今回は、うまく絞り込むことができましたが、場合によってはあまり件数が絞れなかったり、逆に絞り過ぎて「0件」となったりすることもあります。

【図表 27　図表 26 の画面で「一覧表示」をクリックして表示される画面】

ただし、0件ということは、検索対象の先行登録商標が存在しないということなので、悪いことではありません。

ほどよい件数にうまく絞り込みたい場合は、追加した指定商品を変更してみたり、さらに指定商品を追加してみたりすると良いでしょう。例えば、「コーヒー」のほかに、「サンドイッチ」を加えたりといった具合です。

なお、図形を追加して絞り込むことも可能です。例えば、ペガサスのほかにも「星」の図形を含めた商標を希望していれば、「星」を前述した方法で図形等分類の欄に追加してみると良いでしょう。

図表26の画面で「一覧表示」タブをクリックすると、図表27の画面になります。

こちらの画面で、探したい図形商標を見つけることができます。

・出願／登録番号：こちらの商標が出願されて登

録になっているかを知ることができます。

登録　000000と表記されている商標はすでに登録済みの商標です。

商願　年号-000000と表記されている商標は審査中の商標です。しかし、オンラインでの検索結果にはタイムラグがありますので、商標登録になっている可能性があります。

また、年号が明らかに古い場合ですと、登録に至らなかったことが確認できます。

国際登録　000000と表記されているのは海外から日本の特許庁へ出願をして登録された商標です。

・商用（検索用）：こちらは登録されているもしくは登録を希望している商標を確認できます。

商標データの表示の特殊記号は、図表12をご参考ください。

・称呼（参考情報）：こちらは商標がどのような称呼で登録されているか確認できます。

・区分：こちらは商標がどのような内容で登録されているか確認できます。

特許庁で決められている区分は全部で45区分あります（特許庁情報プラットフォーム「J-Plat-Pat」区分詳細ページ参照）。

今回の図形等商標検索の結果からしますと、

①「ペガサス」という商標の登録例は多数ある

②「ペガサス」という商標でのコーヒーに関しての登録もあるがかなり少ない

ということから、「ペガサス」での商標登録ができる可能性は高いことが確認できます。

しかし、登録の可能性は高いものの、図形の類否判断は容易ではなく、希望する図形と先行登録

商標が同一・類似と判断される可能性も場合によってはあります
つまり、そのような場合は、先行登録商標を引用例として、登録を受けることはできません。
ただ、明らかに同一・類似だと思われるような場合でも、少し名前を変えたり、ロゴのデザインを変えることで、登録できるようになるケースも珍しくありません。
したがって、一見難しそうな場合でも、諦めずに弁理士にご相談されることをおすすめします。

**図形等商標検索の留意点**

続いて、この図形等商標検索について、少し留意していただくところがありますので、解説したいと思います。

それはまず、自分が登録を希望する商標に使用する図形が、「どのような要素を持っている図形なのか」を正しく認識することです。

例として、次のような図形を考えてみたとしましょう。

（登録商標第４２５４１６８号）

実際には、この図形は登録になっているものですが、仮にあなたがこの図形を考えて、これを使用した商標で登録を希望しているとしましょう。

この場合、この図形と同一・類似になりそうな図形を検索によって探す必要があります。

先ほどの例は、「ペガサス」という、わりと特徴がはっきりしたものでした。

しかし、今回の図形の特徴はどうでしょうか。「ペガサス」と比べると特徴がわかりにくいと思いますが、一体どのような要素を持っているものでしょうか。

検討していただければ、おそらく、

① コックさん

② 人間の姿をした架空のキャラクター

というのが、この図形のモチーフであるだろうと認識することができると思います。

すなわち、それがこの図形における「図形が持っている要素」になります。

そして、この要素を先述しました「図形等分類表」の画面から見つけ出し、コード番号をセットして、図形等商標検索を行えばいいわけです。

そこで、特許庁は、この図形をどのような要素を持っている図形だと分類しているか見てみましょう。

図表28の画面のうち、「(531) 図形等分類」の欄を見てみましょう。

2.1.11 肉屋、料理人、ウエイター、パン職人

**【図表 28 「(531) 図形等分類」の表示画面】**

登録4254168　存続 - 登録 - 継続　経過情報　公報

(111)登録番号　：第４２５４１６８号
(151)登録日　：平成１１年（１９９９）３月２６日
(210)出願番号　：商願平９－１０４７１９
(220)出願日　：平成９年（１９９７）４月９日
先願権発生日　：平成９年（１９９７）４月９日
(180)存続期間満了日：平成３１年（２０１９）３月２６日
拒絶査定発送日　：
最終処分日　：
最終処分種別　：
(732)権利者　：
氏名又は名称　：株式会社オムテモワン
住所又は居所　：東京都渋谷区

(531)図形等分類：2.1.11; 3.7.21.99; 3.7.25.1; 4.3.20; 4.5.5; 9.7.1; 9.7.19

付加情報　：
法区分　：平成８年法
国際分類版表示：第７版
(500)区分数　：１

(540)　：

拡大表示

1

(511)(512)【商品及び役務の区分並びに指定商品又は指定役務】　【類似群コード】

３０　コーヒー及びココア，コーヒー豆，茶，調味料，香辛料，食品香料（精油のものを除く。），米，脱穀済みの大麦，食用粉類，食用グルテン，穀物の加工品，ぎょうざ，サンドイッチ，しゅうまい，すし，たこ焼き，肉まんじゅう，ハンバーガー，ピザ，べんとう，ホットドッグ，ミートパイ，ラビオリ，菓子及びパン，即席菓子のもと，アイスクリームのもと，シャーベットのもと，アーモンドペースト，イーストパウダー，こうじ，酵母，ベーキングパウダー，氷，アイスクリーム用凝固剤，家庭用食肉軟化剤，ホイップクリーム用安定剤，酒かす

01A01 04D01 29A01 29B01 29D01 30A01 31A01 31A02 31A03 31A04 31A05 31B01 31D01 32D04 32F03 32F04 32F06 32F08 32F09 32F14 33A01

3.7.21.99 その他種類を特定できない鳥
3.7.25.01 擬人化した鳥
4.3.20 フェニックス、その他の伝説の動物
4.5.5 その他の確認できないものの擬人化、その他人間の姿をした空想上のもの
9.7.1 帽子
9.7.19 コック帽

となっています。

「料理人」とか、「コック帽」とかは、まさにモチーフ通りの要素であると思います。

また、「帽子」があることから、いわゆる上位概念で分類コードを付与していることもわかります。

しかし、その他はどうでしょうか。

「種類を特定できない鳥」と言われれば確かにそうかもしれませんね（そもそも、鳥なのかどうか疑わしいのですが…）。

【図表29 「フェニックス」のコードを入力して出た画面】

　さらに、「フェニックス」とあるのですが、この図形をよく見てください。

　全然違うのでは！　というツッコミを入れたくなりますね。

　「伝説の動物」とか言われても…という感じです。

　ツッコミどころも確かにあるかもしれませんが、特許庁の基準は概ね正しいものです。また、これは、あくまでも特許庁の「分類の基準」に過ぎませんし、そもそも分類コードは権利範囲には全く影響ありませんので、あまり気にする必要もないかと思います。

　ちなみに、前述の「フェニックス」について、当該分類コードを記入して、検索してみますと、図表29のような画面が出てきました。

　ここで、例えば6番の登録商標は、確かに「フェニックス」っぽい形をしていますね。「っぽい」

【図表 30 「ペガサス」の検索結果一覧の画面】

という曖昧な表現をしたのは、そもそも「フェニックス」がどういう形なのか、厳密にはわからないからです。

それでも、「フェニックス」の形のイメージというものは、社会通念に照らして何となくではありますが、共有されているものと思います。現に、上記画面で6番以外のものも大体似たような形の鳥が描かれています。

ここで、改めて図表29の14番を見てください。「フェニックス」として検索した結果ですが。これ、フェニックスか…。

そのように思った方もおられると思います。このあたりが、商標の面白いところであり、また、難しいところでもあります。

なお、「図形が持っている要素」が多く含まれる場合もあります。

例えば、前述したペガサスについて、図表30の画面の3番のような図形を見てみましょう。

(登録商標第５３２７４２９号)

この図形、一見してもたくさんの要素で構成されていることがわかります。
実際に、詳細を見てみると次のとおりです。
先ほどと同じように、図形等分類のコードを見てみましょう。

1.1.1; 星
1.1.5; 四つ以上の星
1.1.10.2; 六つ以上の先端を有する星
1.7.1; 満月、いくつかの月
1.7.6.1; 三日月、つなぎ月（三日月の一種で細い部分が繋がっている月）
1.7.8; 動物を伴う三日月又は半月
1.7.12; その他の図形要素を伴う三日月又は半月
1.11.12; 星空
4.3.5; ペガサス（翼を有する馬）
7.5.1; ピラミッド

26.1.1; 円
26.1.3; 一つの円又は楕円
26.1.13; 天体又は自然現象の表現を内包する円あるいは楕円
26.1.15; 動物・動物の身体の一部又は植物の表現を内包する円あるいは楕円
26.1.16; その他の図形要素を内包する円又は楕円
26.2.3.91; 円又は楕円の一部を三・四・五・・・・角形で切り取った図形
29.1.2.2; 黄（図形）
29.1.4.2; 青（図形）
29.1.11; 一つの色が顕著なもの

これだけの要素が含まれていることになります。

上位概念でざっくりと広く分類しているところもあれば、かなり細かいところまで厳密に拾って分類をしているところもあります。

例えば、「星」とざっくり拾いつつも、「四つ以上の星」とか「六つ以上の先端を有する星」とか、細かいところも拾っています。

これは、おそらく、検索するときに、可能性のありそうな条件を広めに指定しても、検索対象の図形の条件を細かい要素まで含ませることで、検索から漏れにくくするようにするためかと思います。

## 3　指定商品・役務の選び方

指定商品・役務を適切に選ぶことは重要です。こちらに漏れがあると、後々、競合に、権利の隙間部分について商標権を取得され、思わぬカウンターを貰ってしまうリスクが発生してしまいます。

前述したように、指定商品・役務は、事業の将来性までを考慮した上で、漏れをなくして選ばなければなりません。この作業が最も難しく、専門家でなければ完璧に近い形で選ぶことは困難であるケースもあります。

そこで、ここでは、専門家ではない、皆様でもできる指定商品・役務の選び方について解説します。

まず、初めに行うことは、競合他社の社名・サービス名・商品の洗い出しです。とにかく、今回申請しようとしている商品・サービスと競合する、他社の商品名・サービス名を明確にします。

「競合の商品名・サービス名などわからない」という方もいらっしゃると思います。そのような場合には、インターネットの検索エンジンを使って、競合の商品名・サービス名を調査します。

仮に、これから多店舗化する餃子屋の店舗名で商標権を取りたい方がいるとします。その場合には、検索エンジンを使って、他に多店舗化している餃子屋を調べます。検索キーワードとしては、「餃子屋　チェーン」などを適宜入力します。

図表32のような検索結果が出ました。「バーミヤン」「餃子の満州」「餃子の王将」「ホワイト餃子

【図表32　検索エンジンでの検索】

Google
餃子屋　チェーン
すべて
地図
画像
ショッピング
ニュース
もっと見る
設定
ツール
約 25,100,000 件 （0.47 秒）
the360.life - 全国6大餃子チェーンぶった斬り！ 1位は手巻き＆国産素材の ...
the360.life › 外食チェーン360.life › 外食チェーン › ファミレス
2017/02/07 - 専門誌やテレビの特集など各メディアで取り上げられ、いま外食チェーンで密かに熱い餃子。今回は6大チェーンの餃子を、餃子のプロフェッショナルと編集部員が実食。皮の厚み、餡の方向性（肉多め、野菜多め）、コスパなど4項目で評価した ...
おいしい餃子はぎょうざの満洲
www.mansyu.co.jp/
ぎょうざの満洲_美味しい焼き方 · ぎょうざの満洲_作ってみよう · ぎょうざの満洲_お土産メニュー関東 · ぎょうざの満洲_お土産メニュー関西 · ぎょうざの満洲_お持ち帰りメニュー · ぎょうざの満洲_アレルギー情報 · ぎょうざの満洲_イベント · ぎょうざの満洲_宴会
家庭用餃子 · 美味しい餃子ぎょうざの満洲 · 業務用餃子 · お試し60個・本州限定
テーマで選ぶ餃子記事：餃子チェーン店のまとめ - 東京餃子通信
www.tokyogyoza.net/archives/2017/09/05/231623
2010/07/01 - ラーメン業態やベーカリーカフェ業態、居酒屋業態などの新業態や冷凍食品事業も力を入れている。 その... ... 餃子の王将. 京都に本社を置く王将フードサービスが全国展開する餃子チェーン店。餃子店の代名詞的な存在。通称は「餃子の王将」、「京都 .... 激狭な鶏餃子Bar「餃子屋EX」で紅生姜入り餃子を堪能【大井町】. 人気記事
中華料理チェーン店の人気ランキング 1位 餃子の王将、2位 バーミヤン ...
https://news.nifty.com › トレンド › 話題
2017/05/12 - 行ったことのある中華料理チェーン店は？ という調査です。総合ランキング1位は「餃子の王将」で66.7%、2位は「バーミヤン」で59.7%、3位は「幸楽苑」で34.6%、4位は「大阪王将」で33.0%、5位は「日高屋」で27.0%という結果でした。
ホワイト餃子グループ ホームページ

グループ」などが検索結果でヒットしました。

次に、検索した結果として、ヒットした「バーミヤン」「餃子の満州」「餃子の王将」「ホワイト餃子グループ」がどのような商標を取得しているかをJ-PlatPatを使って調べます。

これぐらいの規模の企業になると、ほぼ商標権を取得しているので、店名で検索をするとヒットします。

【図表33 「ホワイトギョウザ」での検索】

【図表34 「ホワイトギョウザ」の検索の詳細】

商標出願公告 平6-47924　　特例出願

公　告　平6(1994)7月21日
商　願　平4-211961
出　願　平4(1992)9月24日
出願人　野田食品工業株式会社
　　　　千葉県野田市中野台278
代理人　弁理士　羽鳥　亘

指定役務　42　ぎょうざの提供
審査官　関根　文昭

今回は、図表33のように「ホワイトギョウザ」で、まず初めに検索をしました。すると、図表34のように第42類の「ぎょうざの提供」を指定していることがわかります。

ここで、大切なのは、1社のみではなく、複数社(できれば5社)ほど、何を指定して商標権を取得しているかを調べることです。複数社が指定しているものを網羅すれば漏れを格段に減らすことができます。

そこで、次の候補として、「バーミヤン」で検索

【図表 35 「バーミヤン」での検索】

【図表 36 「バーミヤン」の検索の詳細】

(260) 商標出願公告 平７－134837　　特例出願

(540)

CHINESE RESTAURANT バーミヤン

(442) 公　告　平７(1995)12月19日
(210) 商　願　平４－259765
(220) 出　願　平４(1992)９月29日
(731) 出願人　株式会社バーミヤン
東京都武蔵野市西久保１丁目25番８号
(740) 代理人　弁理士　川浪　順子　外１名

(500) 指定役務　42　中華料理を主とする飲食物の提供，定食の提供，アルコール飲料の提供，茶・コーヒー・清涼飲料又は果実飲料等の飲食物の提供，甘味食物の提供
審査官　鈴木　幸一
(641) 連合商願　平４－259766

します（図表35参照）。73件というとんでもない数がヒットしますが、すべてに目を通すことが重要です。

「バーミヤン」の例では、中華料理を主とする飲食物の提供，定食の提供，アルコール飲料の提供，茶・コーヒー・清涼飲料又は果実飲料等の飲食物の提供，甘味食物の提供を指定して権利化をしていることがわかります（図表36参照）。

先ほどの例では、「ぎょうざの提供」のみでしたが、アルコール飲料の提供なども指定したほうが良いとい

【図表37 「バーミヤン」の検索結果一覧】

| | | | | | | | | | | | |
|---|---|---|---|---|---|---|---|---|---|---|---|
| 16 | | 登録3191183 | CHINESE RESTAURANT\Bamiyan | 01 | チャイニーズレストランバーミヤン,バーミヤン | 42 | 株式会社すかいらーくホールディングス | 1992/09/29 | 1996/08/30 | | 存続・登録・継続 |
| 17 | | 登録3204490 | CHINESE RESTAURANT\バーミヤン | 01 | チャイニーズレストランバーミヤン,バーミヤン | 42 | 株式会社すかいらーくホールディングス | 1992/09/29 | 1996/09/30 | | 存続・登録・継続 |
| 18 | | 登録4789005 | CHINESE RESTAURANT\バーミヤン | 01 | チャイニーズレストランバーミヤン,バーミヤン,チャイニーズレストラン | 25 | 株式会社すかいらーくホールディングス | 2003/12/15 | 2004/07/23 | | 存続・登録・継続 |
| 19 | | 登録4789006 | CHINESE RESTAURANT\Bamiyan | 01 | チャイニーズレストランバーミヤン,バーミヤン,チャイニーズレストラン | 25 | 株式会社すかいらーくホールディングス | 2003/12/15 | 2004/07/23 | | 存続・登録・継続 |
| 20 | | 登録5028633 | 街の中華 エスパ\バーミヤン | 01 | マチノチューカエスパバーミヤン,マチノチューカエスパ,エスパ,バーミヤン,マチノチューカ | 43 | 株式会社すかいらーくホールディングス | 2006/06/16 | 2007/02/23 | | 存続・登録・継続 |
| 21 | | 登録5268539 | CHINESE RESTAURANT\バーミヤン | 01 | チャイニーズレストランバーミヤン,バーミヤン | 35 | 株式会社すかいらーくホールディングス | 2007/07/17 | 2009/10/02 | | 存続・登録・継続 |

うことがわかります。

競合他社をさらに調べると、「ケータリングの提供」なども含めることで、さらに漏れを減らすことができるということがわかります。

「バーミヤン」での検索結果ですが、一覧で表示すると図表37のような形になります。

ここで、注目をしなければならないのは、第42類以外にも、第30類や第35類を指定して権利化をしているという点です。

ちなみに、第30類は、弁当、調味料、菓子などの分野になります。こちらは、料理のテイクアウトを指定しているものとなります。

飲食店の分野では、第30類（食品類）と、第42類（店舗内での飲食物の提供）をセットで取得している例が非常に多いです。

そのため、第30類についても指定して申請をすることが重要であることもわかります。

第35類についてはどうでしょうか。第35類は、小売業やクーポン券の発行、トレーディングスタンプの発行、ＦＣ化する際の店舗への販売促進のための情報提供などの分野になります。

ＦＣ化する上では、第35類を指定することが非常に重要になります。

これによって、区分としては、第30類、第35類、第42類を指定すれば漏れが少なくなります。

商標申請をするに際して、商品・役務の漏れを減らすことがとにかく重要になります。後で、後悔しないためにも、競合が何を指定しているかについては、把握しておくことが肝要になります。

## 4　商標申請の願書の書き方

商標申請の願書とは、商標申請をする際に、特許庁に提出するものです。願書を提出することで、商標申請の手続が完了します。

今回は、商標申請の願書の書き方について解説します。

実際の願書ですが、図表38のようなものになります。

・【書類名】の欄には、「商標登録願」と記入します。

・【整理番号】の欄には、任意の整理番号を記入します。こちらは自ら決めていただいたもので問題ありません。

・【提出日】の欄には、納付書を特許庁に提出する日を記入します。願書を特許庁に郵送する場合には、

『図表38　商標登録願例』

【書類名】　商標登録願

【整理番号】Ｔ－１７０００００１
【提出日】　平成２９年３月１４日
【あて先】　特許庁長官　　殿
【商標登録を受けようとする商標】
　ＴＨＰ
【標準文字】
【指定商品又は指定役務並びに商品及び役務の区分】
　【第４５類】
【指定商品（指定役務）】
　知的財産に関する手続の代理又は鑑定その他の事務，知的財産に関する調査，知的財産に関する相談・指導・助言又はコンサルティング，知的財産に関する情報の収集又は情報の提供，知的財産に関する契約の代理・媒介・仲介又は斡旋，知的財産の管理，知的財産の監視，知的財産に関する仲裁事件の手続の代理，知的財産に関する裁判外紛争解決手続の代理，外国における知的財産に関する手続の仲介又は事務，知的財産権に関する手続の代理又は鑑定その他の事務，知的財産権に関する調査，知的財産権に関する相談・指導・助言又はコンサルティング，知的財産権に関する情報の収集又は情報の提供、知的財産権に関する契約の代理・媒介・仲介又は斡旋，知的財産権の管理，知的財産権の監視，知的財産権に関する仲裁事件の手続の代理，知的財産権に関する裁判外紛争解決手続の代理，外国における知的財産権に関する手続の仲介又は事務，知的財産の創造・取得・保護・活用又は利用に関する調査，知的財産の創造・取得・保護・活用又は利用に関する支援，知的財産の創造・取得・保護・活用又は利用に関する相談・指導・助言又はコンサルティング，知的財産の創造・取得・保護・活用又は利用に関する情報の収集又は情報の提供，知的財産の創造・取得・保護・活用又は利用に関する契約の代理・媒介・仲介又は斡旋，知的財産権の創造・取得・保護・活用又は利用に関する調査，知的財産権の創造・取得・保護・活用又は利用に関する支援，知的財産権の創造・取得・保護・活用又は利用に関する相談・指導・助言又はコンサルティング，知的財産権の創造・取得・保護・活用又は利用に関する情報の収集又は情報の提供，知的財産権の創造・取得・保護・活用又は利用に関する契約の代理・媒介・仲介又は斡旋，訴訟事件その他に関する法律事務，訴訟の代理又は補佐，訴訟事件に関する調査，訴訟事件の手続に関する支援，訴訟事件に関する相談・指導・助言又はコンサルティング，訴訟事件に関する情報の収集又は情報の提供，仲裁，輸入差止又は輸出差止に関する手続の代理，登記又は供託に関する手続の代理，特許図面・実用新案図面・意匠図面又は商標の作成，官公署に提出する書類その他権利義務又は事実証明に関する書類の作成，官公署に提出する書類その他権利義務又は事実証明に関する書類に関する手続の代行又は代理，官公署に提出する書類その他権利義務又は事実証明に関する書類の作成に関する調査，官公署に提出する書類その他権利義務又は事実証明に関する書類の作成に関する支援，官公署に提出する書類その他権利義務又は事実証明に関する書類の作成に関する相談・指導・助言又はコンサルティング，官公署に提出する書類その他権利義務又は事実証明に関する書類の作成に関する情報の収集又は情報の提供，行政に関する手続の代行又は代理
【商標登録出願人】
【住所又は居所】東京都新宿区西新宿７－４－７イマス浜田ビル５階
【氏名又は名称】原田　貴史
【手数料の表示】
【予納台帳番号】６６６１９４
【納付金額】１２０００

郵送する日を記入します。

・【あて先】の欄には、「特許庁長官殿」と記入します。

・【商標登録を受けようとする商標の欄】には、登録を受けたい商標を記入します。登録を受けたい商標が文字の場合は、文字を記入し、下方に【標準文字】の欄を設けます。登録を受けたい商標がロゴの場合は、画像を貼り付けます。【標準文字】の欄は記載不要です。

・【指定商品又は指定役務並びに商品及び役務の区分】の欄には、今回指定する区分の番号を記載します。また、権利化したい商品・役務を記入します。

・【商標登録出願人】の欄には、出願人と住所を記入します。住所は、特許庁からの郵便物が届く住所が望ましいです。

・【手数料の表示】の欄には、申請に伴い納付する特許印紙代を記入します。特許印紙代は、３，４００円＋８，６００円×区分数になります。

## 5　早期審査請求書の書き方

商標申請をして登録になるまでどのくらいの期間がかかるかご存知でしょうか。何と、９か月です。「そんなにかかるの？」「もっと早くならないのでしょうか？」と感じられる方も実際に多いです。

本章では、商標申請をして商標登録までの時間を９か月から３か月に短縮できる「早期審査請求書」の書き方について解説します。

早期審査請求制度ですが、まずは第三者による侵害があり、早期審査を望む場合にはその証拠となるものを集める必要があります。

また、早期審査は、出願する商標に対して出願の段階で進められているサービスの内容でしか申し込めません。

後から、出願人がすでに早期審査で手続している商標を使って異なるサービス内容でビジネスを広げようとすると、また追加での商標申請が必要となります。

したがって、第三者による侵害ではない早期審査の場合には、今後のビジネスの展開まで見据えて判断する必要があります。

そして、特許庁で決められた審査基準などに掲載されているサービス内容に当てはまるかを正確に示すことが重要です。

早期審査は、商標登録の確約を意味するものではありません。審査期間が時短されて、その分、審査にかかる時間は短くなりますが、審査に通らない場合もあります。登録になるのは審査が早く進むことではなく、先に特許庁に出願した商標になります。

そのため、他人よりも早く商標申請をするということがとても重要になります。

なお、早期審査は、慎重かつ細やかな手続が必要です。その内容について、詳細に説明していきましょう。

## 自社が使用している場合

【早期審査請求に関する事情説明】の欄についての記載がメインになります。

その中で、商標の使用に係る商品名（役務名）の欄については、願書案の指定商品（役務）のうち、１つを記入しなければなりません。

また、早期審査手続の場合は、願書案の役務内容は特許庁にて指定されている「商標法施行規則別表や類似商品・役務審査基準など」で、同じ内容で記載をしなければならない厳しい制約があります。

仮に、願書案の指定役務が「類似商品・役務基準」記載のもの以外が含まれている場合には、その内容について、使用の事実を証明する必要があります。

次に、商標の使用場所の欄については、使用の事実（Ｈｐ等）に記載されている住所を記入しなければなりません。こちらは、出願人の住所だと一番楽です。

また、使用の事実（ＨＰ等）に出願人名と出願人住所を記載されている必要があります。

さらに、使用の事実（ＨＰ等）をスクリーンショットなどして画像の形で保存し、画像貼り付ける必要があります。

こちらは、「Snipping Tool」などの Windows アプリケーションを使用すると、画像を取得しやすいです。規定により、サイズは JPEG の場合は 1200 × 1933（横×縦）までとなっている点にも注意が必要です。

サイズ変更などは、「ペイント」の Windows アプリケーションを使用することで対応可能です。

なお、大きい画像を貼り付けたほうが、(印刷したときに)審査官が見やすいものになります。

### 他社(第三者)が使用している場合

この場合、商標の使用に係る商品名(役務名)の欄については、指定役務の記載について、制限はありません。すなわち、「商標法施行規則別表や類似商品・役務審査基準など」に記載されていない商品を記載します。

この場合については、他社が自社の商標の使用をしている画像(HPやチラシなど)を用いて、他社が自社の商標の使用をしていることを説明します。

また、こちらの場合についても、出願人自身も商標を使用をしている事実については自社のHPの画像などを用いて証明しければなりません。

なお、放置する期間が長引けば長引くほど、被害が拡大するリスクがあります。そんなときに、早期審査請求を積極的に活用して、一刻も早く商標登録を受けることをおすすめします。

## 6　拒絶理由通知への対応方法

審査にそのまま通った場合は、登録査定というものが通知されます。

一方で、申請をした後に、特許庁から「拒絶理由通知」(図表39参照)というものが送られるこ

【図表 39 「拒絶理由通知書」の例】

拒絶理由通知書

商標登録出願の番号　商願２０１６－０７７５２１
起案日　平成２８年１２月　５日
特許庁審査官　佐藤　松江　Ｔ１６４
商標登録出願人代理人　原田　貴史　様

この商標登録出願については、商標登録をすることができない次の理由がありますので、商標法第１５条の２（又は同法第１５条の３第１項）に基づきその理由を通知します。

これについて意見があれば、この書面発送の日から４０日以内に意見書を提出してください。

なお、意見書の提出があったときは、商標登録の可否について再度審査することになります。

理　由

この商標登録出願に係る商標（以下「本願商標」という。）は、「品物・作品をならべて一般の人々に見せること。」を意味する「展示」の文字と、「集まり。」を意味する「会」の文字と、「営利を目的として事業をいとなむこと、また、そのいとなみ。商売。」を意味する「営業」の文字（いずれも「岩波書店　広辞苑第六版」）とを連綴してなる「展示会営業」の文字を標準文字で表してなるものです。

そうすると、本願商標は、全体として、「展示会方式での営業」を意味するにすぎないものですから、出願人が本願商標をその指定役務について使用しても、これに接する取引者・需要者は、「展示会方式での営業による役務の提供」、すなわち、役務の態様を普通に用いられる方法で表したものと認識するにとどまるというのが相当です。

したがって、本願商標は、商標法第３条第１項第３号に該当します。

とがあります。

「拒絶理由通知」というものの響きからすると、これ以上はもう権利化する術がないと思われる方も多いと思います。

しかし、拒絶理由通知自体は、適切に対応をすれば、解消するケースも多いです。

拒絶理由通知に対しては、「意見書」というものを特許庁に提出することで、審査官の誤解を解くことができます。

拒絶理由としては、圧倒的に商標が一般名称であること（商標法第3条第1項第3号）と、他人の登録商標と似ていること（商標法第4条第1項第11号）がほとんどです。

そのうち、一般名称と認定された場合に、それを解消する方法について解説します。

## 一般名称との認定に対する意見書

図表39の例では、「展示会営業」という商標を申請したところ、この名称が一般名称であるとして拒絶された事例になります。

審査官は、「展示会営業」という商標が「展示会方式での営業」を意味するため、一般名称であると認定しています。

このような拒絶理由に対しては、次の項目を検証した上で、意見書を提出することで解消できます。

●ポイント１：申請中の商標から複数の意味の解釈が可能かを検討する

一般名称とは、その商標から、ある特定の意味合いが導かれる場合に該当します。今回、審査官は、「展示会営業」という商標から「展示会方式での営業」との特定意味のみが導かれることを理由に、一般名称として認定しています。

そのため、「展示会方式での営業」以外の意味合いが、「展示会営業」から生じることになれば、一般名称には該当しないということになります。

今回のケースでは、「展示会営業」という商標から、「展示会場にて行う営業」や「展示会を活用した営業」や「展示会そのものを営業する」などの意味が生じる可能性があるので、その点を反論できます。

●ポイント２：審査官の認定に飛躍がないかを検討する

「展示会営業」の文字から、「展示会方式での営業」という意味合いが導かれるという認定に飛躍がないかを検討します。

今回のケースでは、「展示会営業」の文字が示す概念と「展示会場にて行う営業」や「展示会を活用した営業」などの「展示会方式での営業」という概念の間に飛躍があるかを検討します。

飛躍がある場合には、その飛躍した内容へと解釈をする審査官の認定が誤りである旨の反論が可能になります。

今回のケースでは、具体的には次のような反論が可能です。

〈反論〉

本願拒絶の理由では、本願商標「展示会営業」の文字から「展示会方式での営業」という意味合いが導かれると認定していますが、この背景には「展示会営業」の文字が示す概念が「展示会場にて行う営業」や「展示会を活用した営業」と同義であるという解釈が介入しています。このような解釈を前提として初めて「展示会方式での営業」という意味合いが導かれるからです。

ところが、「展示会営業」の文字が示す概念と「展示会場にて行う営業」や「展示会を活用した営業」という概念の間には、合理的・直接的な関連性は認められません。

仮に、本願商標が「展示会場営業」や「展示会活用営業」等の文字で構成されており、「場」「活用」などが「方式」の意味に結びつくと考えるのであれば、これらを「展示会場にて行う営業」や「展示会を活用した営業」と同義に解釈する余地があるかもしれません。

しかし、本願商標は、あくまでも「展示会営業」の文字で構成されているものであり、「場」「活用」などの文字を構成要素としておりません。

それにもかかわらず、ここで唐突に「方式」の概念を混入させ、「展示会方式での営業」と同義に解釈する点は合理的な根拠を欠くと言わざるを得ません。

万一、「展示会営業」の意味を「展示会方式での営業」に限定したとしても、それが、審査官殿が認定されたように「展示会方式での営業による役務の提供」にまで発展させるのは、恣意的に展示会営業の意味を拡張するものであると思料いたします。

例えば、商標が「自販機営業」であっても、自販機方式の営業による役務の提供であると言えてしまいます。

もちろん、この自販機方式の営業による役務の提供というのは、漠然としていて何を意味するのか不明です。

例えば、自販機を設置することで商業上の事業を行うことを意味するのかもしれませんし、営業担当者が設置された自販機のように一定の場所に留まって商業上の事業を行うことを意味するのかもしれません。その他の意味とすることも任意に可能です。

このように、「○○」と「営業」とを組み合わせた言葉について、どのような言葉であっても「○○方式での営業による役務の提供」であり、役務の態様であると認定することは、どのような言葉であっても役務の態様に該当するとして、登録にならないということになってしまいます

そのため、「展示会営業」についても、役務の態様であると認定することは妥当ではないと思料いたします。

〈反論終り〉

このケースでは、「展示会営業」の「展示会」と「営業」とを繋げる言葉がないことが反論の材料となりました。

仮に「展示会場営業」や、「展示会活用営業」や「展示会での営業」などのように、「展示会」と「営業」とを繋ぐ用語を含めて申請をした場合、一般名称と認定されやすく、反論が困難ということに

なります。

●ポイント3：造語である旨の反論が可能かを検討する

申請している商標が、全体として造語と言える場合、一般名称には該当しないとの反論が可能です。

すべて漢字で構成されている場合や、すべてが片仮名・平仮名で構成されている場合には、造語と言いやすくなる傾向にあります。

また、商標を構成する用語と用語との間にスペースなどを設けないほうが、1つのまとまった単語と認識されやすくなり、造語と言いやすくなります。

今回のケースでは、具体的には次のような反論が可能です。

〈反論〉

本願商標は、願書に添付した内容から明らかなように、漢字文字で一連に「展示会営業」と書した態様からなるものであります。そのため、本願商標「展示会営業」は、むしろ全体として単に、展示会または営業と関係する何かを意味する一種の造語を表したものとして認識されるものと言えます。そして、本願商標の「展示会営業」は、本願指定役務との関係において、一般的に通用し確立された意味を有する言葉とはなっておらず、「展示会方式での営業」の意味を直接的かつ具体的に表示したものではありません。

このように、本願商標「展示会営業」の文字が「展示会方式での営業」の意味を表示したものと理解されない以上、本願商標を「商品の販売に関する情報の提供，市場調査又は分析，知識の教授，セミナーの企画・運営又は開催及びこれらに関する情報の提供」に使用したとしても、これに接する需要者が役務の態様を表示するものと認識することがあるとは到底、考えられません。

〈反論終り〉

●ポイント４：インターネットなどの使用例を調査する

インターネット上で、「展示会営業」という言葉が、「展示会方式での営業」を意味する用語として一般的に使われているか、検索エンジンを使って調査します。

拒絶されている商標が、何らかの意味として一般的に使われていない場合は、反論の材料となります。

今回のケースでは、具体的には次のような反論が可能です。

〈反論〉

「展示会営業」についてインターネットで検索したところ、「展示会営業」という単語を含むサイトは、出願人のサイト以外はほとんどヒットせず、また、同業者のWebサイトやサービスカタログ類を見ても、「展示会営業」の言葉は存在しません。

以下は、「展示会営業」をキーワードとして検索した結果としてヒットしたサイトですが、これらを見てもわかりますように、「展示会方式での営業」を表す言葉としまして、決して、「展示会営業」の言葉は用いられておりません。にもかかわらず、「展示会営業」が「展示会方式での営業」を意味するものとして断定することは、困難であると思料いたします。

・絶対成功する展示会出展とは？　展示会から顧客を獲得するための４つのポイント

http://www.onemarketing.jp/lab/exhibition/28

・【傾向と対策】展示会出展で「今すぐ」の営業案件が減っている

https://blog.kairosmarketing.net/exhibition/exhibition-objectives-20131021/

・営業支援エキスポ

http://www.ss-expo.jp/

また、「展示会営業」の文字が、展示会の参加者や開催者などの間で、役務の態様を表示するものとして普通に用いられている事実も見当たりません。

そのため、本件商標「展示会営業」は、あくまで特定の観念を有しない造語と理解すべきであって、十分に識別性を発揮するものと思料いたします。

〈反論終り〉

## 7　商標登録料納付書の書き方

無事に商標が登録されると、図表40のような登録査定と書かれた用紙が特許庁から届きます。

図表40の用紙が届いてから30日以内に、登録料を納付することで、商標権を発生させることが可

【図表 40 「登録査定」の書類例】

発送日　平成２９年１２月　４日　頁：　1/　1

登録査定

商標登録出願の番号　商願２０１７－０４４８３５
起案日　平成２９年１１月２９日
特許庁審査官　鈴木　斎　２３１８
指定商品又は指定役務並びに商品及び役務の区分
第45類
願書のとおり
商品及び役務の区分の数　1
商標登録出願人　原田　貴史
代理人　原田　貴史

この商標登録出願については、商標法第１６条の規定によって商標登録の査定をします。

能になります。

商標登録の料金（商標登録料）は、５年分または10年分のいずれかを選択して納付できます。

５年ごとに分割して納付する場合は、１６，４００円（前期／後期に分けて2回納付）×区分数の特許印紙代（実費）が発生します。また、10年分を一括して納付する場合は、２８，２００円×区分数の特許印紙代（実費）が発生します。

なお、商標権は、10年後、存続期間の更新登録手続を繰り返し行うことで、半永久的に存続させることができます。

更新登録の料金（更新登録料）は、再度、５年分または10年分のいずれかを選択して納付できます。

更新登録については、５年ごとに分割して納付する場合は、２２，６００円（前期／後期に分けて2回納付）が発生します。

また、10年分を一括して納付する場合は、３８，

【図表41　「商標登録料納付諸」の例】

| | |
|---|---|
| 【書類名】 | 商標登録料納付書 |
| 【提出日】 | 平成２９年１０月６日 |
| 【あて先】 | 特許庁長官殿 |
| 【出願番号】 | 商願２０１７－４４８３５ |
| 【商品及び役務の区分の数】 | １ |
| 【商標登録出願人】 | |
| 【氏名又は名称】 | 原田　貴史 |
| 【納付者】 | |
| 【識別番号】 | ５１７０８９７３２ |
| 【氏名又は名称】 | 原田　貴史 |
| 【登録料の表示】 | |
| 【納付金額】 | １６４００ |

８００円が発生します。

登録料を納付する際には、まず、前述のような費用が発生することを前提に、５年で納付するのか、10年で納付するのかを決定します。

例えば、ライフサイクルが短い商品の場合は、５年で納付します。また、新規事業を開始したものの、数年も事業を行っている可能性が不透明なケースでは、５年を選択して納付することが多いです。

一方、10年後にも確実に事業を行っていることを想定している場合には、10年を選択して納付することが多いです。

実際の登録料納付書ですが、図表41のようなものになります。

・【書類名】の欄には、「商標登録料納付書」と記入します。
・【提出日】の欄には、納付書を特許庁に提出する日を記入します。
・【あて先】の欄には、「特許庁長官殿」と記入します。
・【出願番号】の欄には、商標登録出願時採番される商標の出願番号を記載します。

・【商品及び役務の区分の数】の欄には、区分数を記載します。こちらが登録料の課金の単位になります。
・【商標登録出願人】の欄、【納付者】の欄には、出願人と、登録料の納付者をそれぞれ記入します。
・【登録料の表示】の欄には、納付金額を記入します。５年の場合は１６，４００円×区分数、10年の場合は、２８，２００円×区分数の金額を記入します。

本章では、商標申請から商標登録までに必要な書類の書き方について解説させていただきました。

実際に書類を書いても、細かい間違いが発生することもあります。そのため、いったん書類を作成したら、実際に特許庁においてチェックしてもらうことをおすすめします。

提出したものの、書類に不備があれば、書類が受理されなくなるということもあります。

また、こちらは良くある間違いなのですが、本来購入すべき「特許印紙」と間違えて「収入印紙」を買ってしまうという方が多くいらっしゃいます。

その場合、特許印紙を買い直さなければならなくなるため、金銭的なロスが発生してしまうリスクがあります。

また、実際の金額よりも多く特許印紙を買ってしまうという方もいらっしゃいます。

一番確実なのは、特許庁に行って、直接、金額を確認しながら、その場で特許印紙を購入するということです。

特許庁に行って、この手続をしたいと窓口の人に話せば、対応する額の特許印紙を購入できます。

商標申請から登録までに関する手続は、非常に精密さが要求されます。間違いがないように慎重に細部を確認しながら行うということが極めて重要になります。

## まとめ

第4章では、商標の調査から申請、そして拒絶された場合の対応方法から登録され際の登録料の納付の方法について具体的に解説しました。

調査をしっかり行わなければ、取得できない商標について手続を行ってしまうことになります。また、調査を行うことで、自分がこれから使おうとしている名称を使っても大丈夫かわかります。もしも、調査を怠り、商標を使用していると、他人の商標権を侵害してしまうということになってしまい、警告状が送られてしまうリスクが高まります。警告状が送られてしまうと、サービス自体が展開できなくなるということにもなり兼ねず、事業に与えるダメージは測り知れなくなります。また、出願の願書や、登録料納付書については、正確さが求められるということについて、ご理解をいただけたかと思います。記載しなければならない項目も多く、どの項目に何を記載すべきかがわからなくなります。その際には、本書の内容を確認いただけると嬉しく思います。

商標申請の各種手続については、ちょっとしたミスが、後々、響いてしまったりする可能性もあるため、このようなことがないように、特許庁の窓口や、知財の相談窓口などを活用し、内容をチェックしてもらうことをおすすめします。

# 第５章　商標申請の実例でコツをつかもう！

## 1　ECショップにまつわる商標のトラブル

### ECショップでのブランド名無断使用

Amazonなどの ECショップに出店している方から、「商品を真似された」「ブランド名をそのまま無断で使用されている」という声をよく聞きます。

模倣された場合、半額以下の価格で模倣品を販売されることも少なくなく、模倣品に顧客が一気に流れるということもあるそうです。

ECショップのオーナーからしたら、まさに死活問題です。

Amazonのブランド登録をしておくことで、このブランドが誰のものなのかを明確にできます。Amazonのブランド登録には、商標権の取得が条件となっていますが、商標権を取得することで、ブランド名を真似されることを防止できるようになります。

ここでは、ECショップ運営者の売上・利益・ブランドに蓄積される信用を守るために有効な、Amazonブランド登録についてご紹介します。

### 商標申請とAmazonブランド登録との関係

Amazonブランド登録には、商標登録することが条件となります。

ＥＣサイトを活用しての電子商取引は、ここ数年、右肩上がりです。

お店まで足を運ばなくても、ボタン１つの操作で買い物ができるという点が非常に有益です。

また、実店舗を持たなくても済むため、固定費もかからず、場所を選ばずに、誰でも気軽に開始できるというメリットがあります。

ご存知のように、ＥＣサイトに出店することで、全国を対象に物販が可能になるというメリットもあります。

ただし、ＥＣサイトの特徴として、人気のあるものほど模倣されやすいという実情があります。

長い年月をかけて、顧客からの信用を得て、人気が高まるほど、残念ながらその人気に便乗されやすいのです。

模倣された場合、よく問題になるのは、安くて品質が劣悪な商品を販売されることです。

そのため、安く販売される模倣者に市場のシェアを奪われてしまうという事態になってしまいます。

また、品質が劣悪な商品が提供されることで、せっかく築き上げた商品の信用が失墜してしまうという事態にもなってしまいます。

そうした不安材料を払拭してくれる頼もしい制度として、Amazon ブランド登録というものがあります。

こちらは、予め登録を行っておくことで、Amazon の独自の検索機能によって、侵害されてしまう事例を早期に発見可能になります。

また、他にも登録が行われたブランド名と紐付かせて、模造品の出品の状況を確認可能になります。

なお、Amazonブランド登録においては、商標登録が前提になっています。商標登録を行うことで、商標（ブランド名）が誰のものなのかについてのお墨付きを国から得られるためです。

Amazonでは、商品のカタログの書換えは、基本的には、本来の商品の出品者だけではなく、相乗り出品者でも可能です。

そのため、相乗り出品者によって、商品情報が書き換えられてしまうということが問題になります。

Amazonブランド登録をしておくことで、商品の詳細情報が記載されているページの文言を優先的に変えられるというメリットもあります。

つまり、都合良く利益のみを得ようとしている相乗りを目的にした者よりも先に情報更新が行える上に、書き換えられてしまうというトラブルを防ぐこともできます。

**出品者がAmazonブランド登録するメリット**

まず、Amazonブランド登録するメリットですが、主に次のようになります。

・a　相乗り販売者に商品カタログを勝手に編集されなくなる。

・b　JANコードがなくても出品可能になる。
・c　出品中商品をリスト化でき、一覧表になるため、ニセモノ出品者を発見しやすい。
・d　SEOにも好影響といわれる。
・e　ニセモノ出品者・相乗り販売者を排除しやすくなる。

電子商取引の分野では、模造品が出回るという実態があります。ニセモノ出品者を排除することで、ニセモノ出費者との競争を免れることができるとともに、自らの製品のブランド価値を守ることができます。

そのため、「ニセモノ出品者・相乗り販売者を排除しやすくなる」というメリットは大きいといえます。

## Amazonブランド登録に必要な事項

Amazonブランド登録に必要な事項は、次のようになります。

・a　ブランド名が商品や商品パッケージに印刷されていること（恒久的なもの。シールは不可）。
・b　商標権取得（登録）が必須（商標登録番号を入力する必要がある）。※2017年5月から
・c　商標権は、アメリカ、カナダ、メキシコ、インド、日本、フランス、ドイツ、イタリア、スペイン、イギリス、EUの各特許（商標）庁発行のものであること（中国はNG）。

なお、右記bにあるように、Amazonブランド登録には、商標権の申請ではなく、取得（登録）

が条件になる点に注意が必要です。

### Amazonブランド登録をしたほうがいいケース

Amazonブランド登録をしたほうがいいのは、例えば、「海外からOEMで仕入れて自社ブランドで展開している、またはする予定の人」などが該当します。

電子商取引では、例えば、中国のノーブランド商品を独自ブランドとして販売する方法などがあります。

独自ブランドとして販売する場合、商品に人気が出てくると、その知名度にただ乗りしたい方にブランド名を無断で使用されるリスクが高まります。

海外から仕入れているため、同じ商品を販売することも容易であるため、ブランド名ごと全く同じ商品を販売することのハードルが低く、模倣されやすいという実態があります。

前述したように、Amazonブランド登録をすることで、「ニセモノ出品者・相乗り販売者を排除しやすくなる」という効果があります。

商品が模倣されるリスクが高い方ほど、Amazonブランド登録をしておいたほうが良いといえます。

### その他の留意点

最後に、Amazonブランド登録のその他の留意点としては、次のような諸点を上げることができます。

・a　Amazonでは、同一商品は1つのカタログ（商品ページ）での販売が大前提となります。
つまり、同一商品を5つの業者が売ろうとした場合、初めに売り始めた1つの業者のカタログに「相乗り」という形で参入する必要があります。

「相乗り」の最大のデメリットは、価格競争が激しくなることです。

「相乗り」することで、カタログを編集して、規格の記載や販売方法（例えば、セット販売にするなど）を変更することができてしまいます。

・b　自社ブランドであるにもかかわらず、「相乗り」してきて、似た模倣品を販売する業者が多くいて、その業者（自体）が（返品請求を受けるなど）評判を落とすことで商品自体の評判が下がることもあります。

・c　ブランド登録は、商標権取得のみならず、そもそも類似品がないか、商品出品者ページの情報に整合性が取れるかなど、厳しめにチェックされます。登録後、万一類似品が見つかった場合などは、警告がくる可能性もあります。

Amazonブランド登録は、頼もしい制度であることに変わりないのですが、オンライン上で取決めを行うという特性上、当事者であるということを確認するのが容易ではないので、比較的時間がかかるというデメリットもあります。

また、同時に、認可が受けられる条件についても、十分に気を配っておかなければなりません。

一般的な商標登録出願する場合は、文字情報の他に図形や立体形状、音や色といったように大変多くの種類が対象になるのですが、Amazonブランド登録で今日において認められているのは文字情報のみや文字情報と図形の2つのみです。

さらに、登録される情報に関しては、商品自体もしくは商品が収納されているパッケージにプリントされているブランド名と同一でなければならないと決められています。

こうしたことからわかるとおり、ブランドという形でしっかりと表示が行われている企業名や商品名をそのまま商標申請をしなければならないといえます。

また、商品としてシリーズで展開している場合、その内容についてブランド登録を受けたいときは、シリーズ名の文字を商標登録しなければならないということになります。

加えて、ロゴについてブランド登録をしたい場合には、そのロゴを商標登録しなくてはならないことになります。

Amazonは、申請された事柄に対してチェック体制を徹底させているので、文字とブランドロゴの一致については特に厳しくチェックがされます。

そのため、一致していない場合は、当然のことながら、ブランド登録の認可はされません。

他にも、今後ロゴのデザインが変更される予定がある場合、そのロゴの登録については取り消される可能性があります。

したがって、ブランド登録をする場合には、より汎用性が高い文字情報のみで登録しておくことがポイントになります。

ニセモノ出品者・商品の排除に有効なAmazonブランド登録について解説しましたが、いずれにしても、「オリジナル商品を販売している方」「ＯＥＭで仕入れた商品を自社ブランドで販売している方」の強い味方になってくれるはずです。

## 2　化粧品の名前の商標申請

### ブランド名を真似されないか心配

自社ブランドで化粧品の販売を開始したのだけれど、ブランド名を真似されないか心配という声をよく聞きます。

また、実際に化粧品を販売した後に、他社から訴えられるリスクがないのかが不安という声をよく聞きます。

化粧品は、ブランド名が消費者の分野に触れやすく、消費者もブランド名を目印にして商品を購入するという実態があります。

また、化粧品のブランドのネーミングについても、同じような名称が選ばれやすいという性質があります。

理由としては、化粧品のネーミングには一定の規則性があり、ブランド名に特定のメッセージを込めたものや、原材料を暗示する用語や、これらを外国語（フランス語、スペイン語、イタリア語など）で片仮名表示したものが選ばれやすいということが挙げられます。

実際に、半分以上が既に商標権を取られているという実態があり、ブランド保護のために商標権を取得する必要性が特に高い分野です。

この項では、「化粧品のブランド名を真似されたくない」「商標を取りたいけど、取れるかわからない」という方向けに、ブランド（顧客から得た信用）を守り、安定して化粧品の販売を継続する上での留意事項について解説します。

## 化粧品業界の商標申請の状況

### ①　商標調査の重要性

化粧品の分野でこれから商標を取りたいという場合、まずは他人に商標を取られていないかの調査が必須です。

前述したように、化粧品業界は、同じブランド名が既に他人に取られていたということが特に多い分野だからです。

実際に、弊所で新しく化粧品のブランド名を商標登録する際に、他人に既に商標を取られているということが、他の分野に比べても圧倒的に多いです。

### ②　同一または類似商標が取られている場合のリスク

既に他人に同日または類似する商標が取られてしまっている場合、これまでも解説したように、名称変更を要求される、差止請求、製品の廃棄請求をされる、損害賠償請求をされるなどのリスクが発生します。

名称変更をしてしまうと、せっかく消費者から得たブランドへの認知度が、またゼロからやり直しということにもなりかねません。

また、製品の廃棄処分を要求されてしまうと、せっかくつくった製品をすべて処分することとなり、経営へ与えるダメージは測り知れないものになってしまいます。

## 化粧品のブランド名を決定するに際しての留意事項

### ①　まずは商標調査

ブランド名を決定する前に、まずは他人に商標権を取得されていないことを調査することがとても大切になります。

ブランド名を決定した後に、「実は他人にそのブランド名の商標権を取られていた」ということが判明してしまうと、名称変更を余儀なくされたりするリスクが高まるからです。

特に、化粧品のブランド名は、同じような名前を他社に取られていることが多く、半分ぐらいのケースで同じ名前が取られているという実態があります。

### ②　商標調査のメリット

事前に調査をしておくことで、販売した後に、他社から警告状を送られるリスクを大幅に削減できます。

また、商標申請をし、自らが商標権を取得しておくことで、後で他人から自分のブランドの商標を取られてしまうリスクをゼロにできます。

さらに、他人に勝手に自分のブランドを真似されてしまった場合に、その行為をやめさせることが可能になります。

## 商標の取得可能性を否定する材料がある場合の対応策

### ①　不使用取消審判の請求

商標の取得可能性を否定する材料がある場合であっても、絶対に諦めなければならないというわけではありません。

仮に他人に商標を取得されていた場合であっても、その他人の商標が3年以上使われていない場合は、「不使用取消審判」を請求することで、権利を消滅させることが可能になるからです。

化粧品の分野では、登録商標が多い一方で、不使用商標も多いという傾向があります。そのため、既に使いたい名称が取られている場合であっても、すぐに諦めずに、その名称が現在も使用されているかを確認することが重要です。

### ②　不使用取消審判の効果

自分と似たブランド名の商標を消滅させることで、この商標について、自らが商標権者となることができるようになります。

ただ、実際に他人が商標を使用している場合には、不使用取消審判の請求ができない点には留意が必要です。

**まとめ**

化粧品分野において、自らのブランド名を守り、安定して事業を継続していくための留意点についてご説明しましたが、ブランド名を決定し、事業を開始する前に、商標調査をすることが重要になります。

## 3　協会名、資格名の商標申請は重要！

**安定して協会の運営を継続したい**

・自分の体1つでは、売上の上限が頭打ち……
・自分の商品・サービスでもっと世の中を良くしたい！

このような思いで、協会を立ち上げたいという方が増加しています。

この項では、「安定して協会の運営を継続させたい」という方向けに、協会の運営に際して取るべき商標の対象について解説します。

まず、協会の運営者にとって、商標として取るべき対象としては、協会名と発行する資格の名称です。

## 協会名について

### ① 協会名について商標権を取得しないことによるリスク

まずは、協会名の商標権取得を検討することが必要です。その理由は、同じような名前の協会が乱立しやすいという実情があります。

仮に、他人にその協会名について商標権を取られてしまっていたなら、その名称を使うことは諦めなければなりません。

また、商標権を取得せずに協会を運営していたら、後から他人に商標権を取られて使えなくなったという事態にもなり得ます。

### ② すぐに申請すべき協会の名称について

例えば、日本ネイリスト協会という名称については、すでに特定非営利活動法人日本ネイリスト協会によって、次のように3件、商標権を取得されています。

・日本ネイリスト協会（登録 4429439　第41類）
・ｊｎａ／Ｊａｐａｎ　Ｎａｉｌｉｓｔ　Ａｓｓｏｃｉａｔｉｏｎ（登録 5620838 第41類　第42

類　パターン1のロゴ）

・jnaa／Japan　Nailist　Association（登録5798370 第41類　第42類　パターン2のロゴ）

「日本ネイリスト協会」「jna」については、商標権が取得されているため、これらの商標は、原則、商標権者以外は使うことはできません。

さて、「日本ネイリスト協会」という名称を見た方は、どのように感じるでしょうか。ネイルの分野において日本で権威がある団体という印象を持つ方が多いのではないでしょうか。

その理由は、日本＋ネイリスト（一般用語）＋協会という用語のみから構成されているからです。

通常、一般用語のみからなる商標は、「誰もが使用したがるため1個人に権利を与えるべきではない」という理由から商標権を取得できません。

例えば、「ネイリスト」という用語のみでは、商標権の取得はできません。

しかし、一般用語であっても語尾に「協会」という文字を付加すれば、全体として商標登録を受けることができるという実態があります。

このような名称は、日本で第一人者、権威であるという印象を与えることができます。

例えば、「ITコンシェルジュ」は、一般名称として拒絶されています。しかし、「協会」をつけた「ITコンシェルジュ協会」は登録されています。

こういった「一般用語＋協会」の商標は、多くの方がその名称を使用したがる傾向にあります。

そのため、早い者勝ちという側面もあります。

## 発行する資格の名称について

協会によっては、資格を発行したり、認定講師を養成するケースがあります。

その場合、資格の名称や認定講師の名称について、商標権を取得しておくことが重要です。

仮に、それらの名称について他人に商標を取られてしまうと、その名称を使うことができなくなってしまうからです。

そうなってしまうと、せっかく協会に資格を認定してもらった協会員が、認定講師の名称を名乗れなくなるという事態にもなりかねません。

その場合、協会員に多大なる迷惑をかけてしまうことになり、協会自体の信用の失墜という事態に発展してしまいます。

キャッチーな名称ほど競合によって取られてしまいやすいという実情もあります。また、同じような資格が多く存在しているという実態もあります。

## まとめ

協会名、資格名をしっかりと商標登録することで、ネーミングに関するトラブルに巻き込まれるリスクをなくすることができ、安定した運営が可能になります。

また、協会名については、特許庁の審査に合格しやすいという側面とともに、早いもの勝ちという色彩が強いという実態があります。

## 4　ネイルサロン、美容サロン、治療院の商標申請

### 店舗系サービス業の商標申請

この項では、ネイルサロン、美容サロン、治療院など店舗系サービス業の商標申請について解説していきます。

これら店舗系サービス業として、取得すべきものは、まずは店舗の名称になります。

特に、店舗系サービス業にとっては、多店舗化していく上では、商標権を取得していないことは経営のリスクになります。そのため、店舗数が増えれば増えるほど、商標権を取得する必要性が高まります。

次に、これらの店舗系サービス業の業界の特徴として、開業のハードルが低く、競合の店舗が増加しているのに対し、単価が下落していることが挙げられます。

例えば、ネイルサロンの業界では、図表42のように店舗数が年々増え続けている一方で、ネイル1回当たりの単価が低価格化していることもあり、1店舗当たりの売上は2008年以降減少傾向にあります。

【図表42　ネイルサロンの実情】

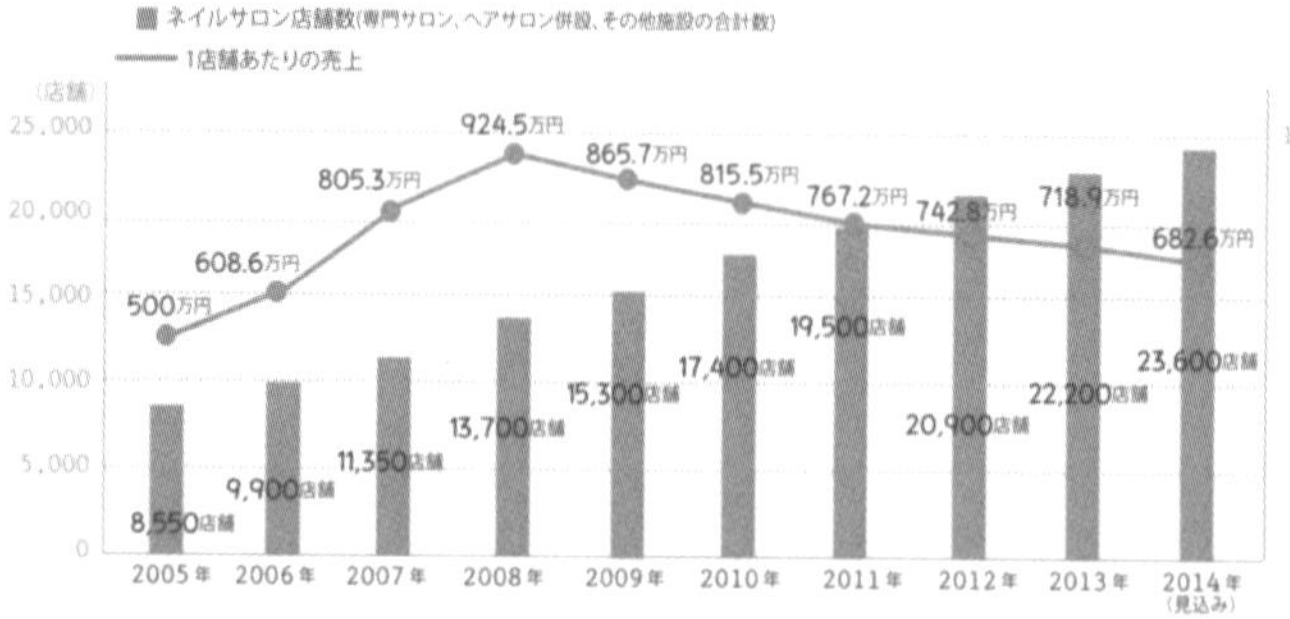


出所：「ネイル白書 2011-11/2012-13/2014-15」NPO 法人日本ネイリスト協会

そのため、多店舗と差別化するためのメニュー名や、施術名などを商標権で保護してブランディングをしていくことが重要になります。

また、ネイル業界では、サービス名や施術名が模倣されやすいという実情があります。

ネイルサロンにおいて、サービス名を保護している実例としては、図表43のものがあります。

こちらの「一層残し」という商標は、ネイルの施術方法についてのものです。

ネイルの施術方法というのは、通常は、爪をやすりで磨いた上にベースジェルを塗ります。そして、ベースジェル上に樹脂を紫外線で固めることで行います。

ネイルを施術し直すときには、ベースジェルまですべてを除去して、再度、爪をやすりで磨かなければならないため、爪が痛むという問題があります。

こちらの「一層残し」という施術方法は、再度、施術し直すときには、ベースジェルを残し、そのベースジェル上に新

【図表 43　ネイルサロンにおけるサービス名保護の実例】

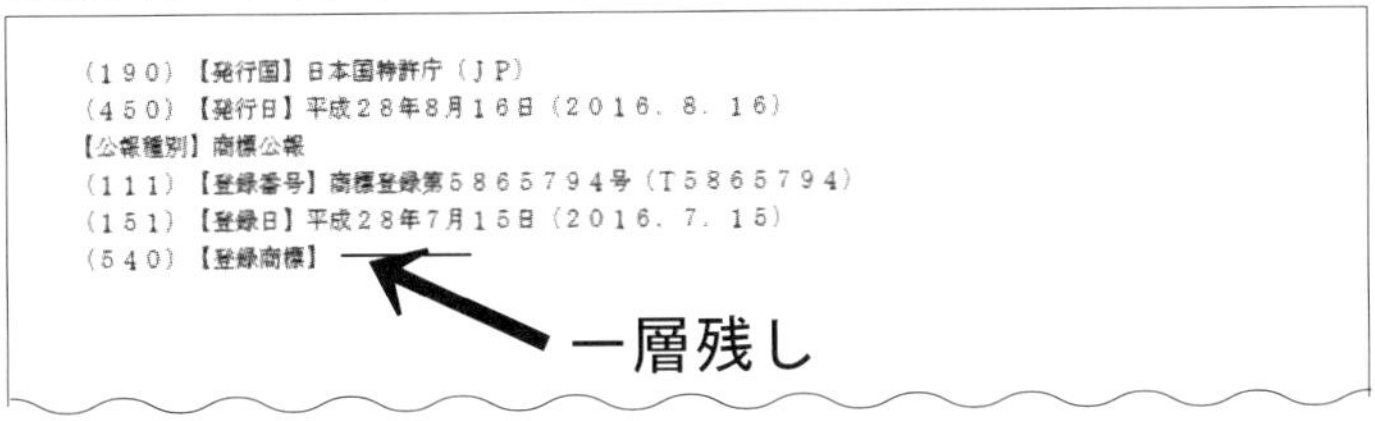
（１９０）【発行国】日本国特許庁（ＪＰ）
（４５０）【発行日】平成２８年８月１６日（２０１６．８．１６）
【公報種別】商標公報
（１１１）【登録番号】商標登録第５８６５７９４号（Ｔ５８６５７９４）
（１５１）【登録日】平成２８年７月１５日（２０１６．７．１５）
（５４０）【登録商標】


しい樹脂を固めることで行います。再施術の際に爪をやすりで磨き直すことをしなくなるため、爪が痛みにくいという効果があります。

このような施術方法について、商標で権利化することによって、同業に「一層残し」という言葉を使われることを防止できます。

また、「一層残し」という施術方法が、商標権者のものである（商標権者が第一人者）と認識されることで、ブランディング効果があり、価格競争に飲み込まれることを防止できるという効果もあります。

せっかく考えた名称とメニューを真似させることを防止し、市場優位性を維持するためにも、これらの権利化は重要といえます。

## 5　会社名の商標申請について

### 登録商標のリサーチ

この項では、何かを始めようとネーミングを考えている方に向けたお話です。

「名前をどうやってつけたらいいか迷っている」「複数候補の名前でどれにすればいいか迷っている」という声をよく聞きます。

ネットで検索すれば、「コツ」を掲載している様々なサイトがヒットします。

名前に由来があるか、やりたいことが伝わるか、発音は紛らわしくないか…。

最近では、クラウドソーシングでネーミングを募集するなんてこともあるようです。

そこで、名前を決めるときの1つの方法として、「登録商標をリサーチ」してみてはいかがでしょうか。名前を決めた後に困らないようにするためには、この方法はとても有効です。

実際に大変な思いをしている会社の例も挙げていますので、ぜひ参考にしてみてください。

## なぜ登録商標を検索するとよいのか

まず、前提として、登録商標とは、特許庁に登録されている商標のことです。

自分の商標を登録すれば、他の人が勝手に使用したり、模倣をしたときに止めさせることができます。逆に言えば、他の人が登録している商標は、使えないということを意味します。

例えば、地域的・分野的に近い競合をリサーチしたり、長い時間をかけて検討して、ようやく名前を決めたのに、他の業種の会社がその商標を既に登録しているなどという事態は起こり得ます。

他者の登録商標を知らずに使ってしまっていたとしても、会社がまだ小さかったり、商品が売れていない時期には、問題が起こらないかもしれません。

ですが、あなたが一生懸命頑張って、事業を大きくしたり、ブランドとして認知されてきたときには、人の目にも多く触れる機会を得るでしょう。

当然、その商標を登録している人（商標権者といいます）の目にも入る可能性が高くなります。そうなったとき、あなたは商標権者にその名前を使用するなと言われる可能性が高くなります。

具体的には、まず、名前の使用を中止するよう記された警告状が届くことが一般的です。

解決する方法としては、実際に使用している名前を変更するか、相手の方と話合いの場を設けて商標権を売買するということが考えられます。

もし、使用を止めなかった場合や、交渉が決裂してしまった場合には、最悪、訴訟に発展する可能性があり、そうなってしまうと、会社のイメージダウンは言うまでもなく、金銭的・時間的にも大きなダメージを受けてしまうことは避けられません。

## 名前を決めた後に困ってしまった実例

実際に、Ａ社が直面した困難は、こんな風にして起こりました。

Ａ社は、飲食店を経営していました。

マーケティングがうまくいって、お店が繁盛したため、多店舗展開しようと、フランチャイズ契約などを考え始めました。

そこで、まずは、お店の名前を商標登録しようとしたところ、他県で飲食店を展開しているＢ社が、ほぼ同じ名前で、既に商標権を取得していることが判明したのです。

Ａ社が商標登録をしないで、このまま多店舗展開した場合には、Ｂ社から警告状が来る可能性が高まります。

そのためA社は、使用しているお店の名前を取り急ぎ商標出願しました。けれども、B社が登録しているほぼ同じ名前（正式には類似商標といいます）であるため、特許庁から拒絶理由通知が来る可能性が高い状況です。

反論ができなかった場合には、拒絶査定、つまり商標登録ができなくなってしまいます。その場合には、お店の名前を変更するか、B社と商標権の交渉をするしかありません。

しかし、名前を変更することは、既にお店にはたくさんのお客様がついていることから、困難だと考えているようです。

今は、拒絶理由通知が来ないことを祈りつつ、来た場合には、どういった反論ができるか検討していると聞いています。

せっかく事業がうまくいっているのに、こんな大変な思いをするのは、本当にもったいないですし、悲しいことだと思います。

## 登録商標の検索方法

名前の候補をある程度決めたら、登録商標をリサーチすることをおすすめします。

登録商標は、「J-PlatPat」のＨＰで、誰でも検索することが可能です。商標だけでなく、特許や実用新案も調べることができます。

具体的な登録商標の一番簡易な検索方法は、第4章で紹介したとおりです。

## まとめ

ネーミングに迷ったときに、登録商標をリサーチするということをご提案しました。

なお、登録商標をざっくりと調べるなら前述の方法で十分ですが、同じ商標でも区分や指定役務が違うなど、詳細に検討する必要がある場合には、1度専門家に相談したほうがいいでしょう。

そして、名前を決めた後には、商標を登録することも検討してみてください。

商標権は、先願主義ですので、初めてあなたが使った名前であっても、他の人が登録してしまうこともできてしまいます。

もちろん、商標登録には、特許庁に支払う印紙代や、弁理士に支払う費用など、少なくないお金がかかります。

ですが、お金をかけるという〝痛み〟を伴うことで、ご自身がつくった商標を価値あるものにするために、より一生懸命頑張れるということがあると思っていますし、そういったお客様を何人も見てきているのも事実です。

昨今は、会社員をしながら副業で、ＥＣショップや、美容サロンを開業する方が増加しています。

これらについては、起業をしやすいということが挙げられます。例えば、ネイルサロンについては、マンションを借りたり、自宅でも開業ができます。ＥＣショップに至っては、店舗などがなくても開業が可能です。

また、美容サロン、ＥＣショップについては、業界の特徴として、サービス名や、商品名が真似されるということが良くあります。さらに、これらについては、ＥＣサイトやホットペッパービューティーなどのサイトを通じて、商標権を侵害しているということが簡単に発見されてしまうという特徴があります。

サービス名や商品名が真似されるタイミングとしては、自分が販売している商品・サービスの認知度が高まったときであると言えます。また、商品・サービスの認知度が高まらなくても、そもそも真似をされやすい名称というものもあります。

特に、化粧品のブランド名については、一定の規則性があるため、同じ名前が選択されることが多いです。また、商品の性質上、ブランド戦略が非常に重要になります。例えば、ブランドの価値が化粧品ほど重視されない業界であれば、商標権を侵害されてもそのまま放置されるというケースもあります。

しかし、化粧品の場合、間違えて化粧品を買われたり、品質が低い模造品が販売され続けるという事態が見過ごされるということはまずありません。もし、商標権を侵害していることが商標権者に知られれば、高い確率で販売の差止請求をする旨の警告状が送られてしまうことになります。

また、協会名、資格名についても、運営上、信用が求められる協会では重要になります。協会名ついて商標権を取得することで、安心して協会は協会名を継続して使用できます。

したがって、資格名について商標権を取得しておくことで、協会員は、安心して資格取得の申込みができますし、資格取得後は、資格名を名乗ることが可能になります。

化粧品、美容サロン、ＥＣショップ、協会にかかわらず、次の特性に当てはまる業界は、商標権のトラブルが多い可能性がありますので、自らの業界が当てはまるかをチェックしてみると良いといえます。

・開業のハードルが低い。
・価格競争が激しく、同業との差別化が重要。
・商品、サービスの内容について模倣が多い。
・商品名、サービス名がインターネット上に露出しやすい。
・商品、サービスの提供に際してブランド力（信用）が重要である。
・商品、サービスのネーミングについて規則性がある。

これらいずれかに当てはまる業界は、ブランド戦略上、商標権取得の検討が重要になってきます。また、自身も新規に商品・サービスの提供を開始する際に、事前に他社の商標をチェックすることが不可欠になってきます。

### 商標調査マニュアル

第４章の繰返しですが、特許庁の「J-PlatPat」のＨＰを活用しての商標調査法を紹介しておきます。

【図表 44　商標調査マニュアル①】

① 特許情報プラットフォーム J-Plat Pat を開く（インターネットで調べると出てきます）

【図表 45　商標調査マニュアル②】

② 商標→呼称検索

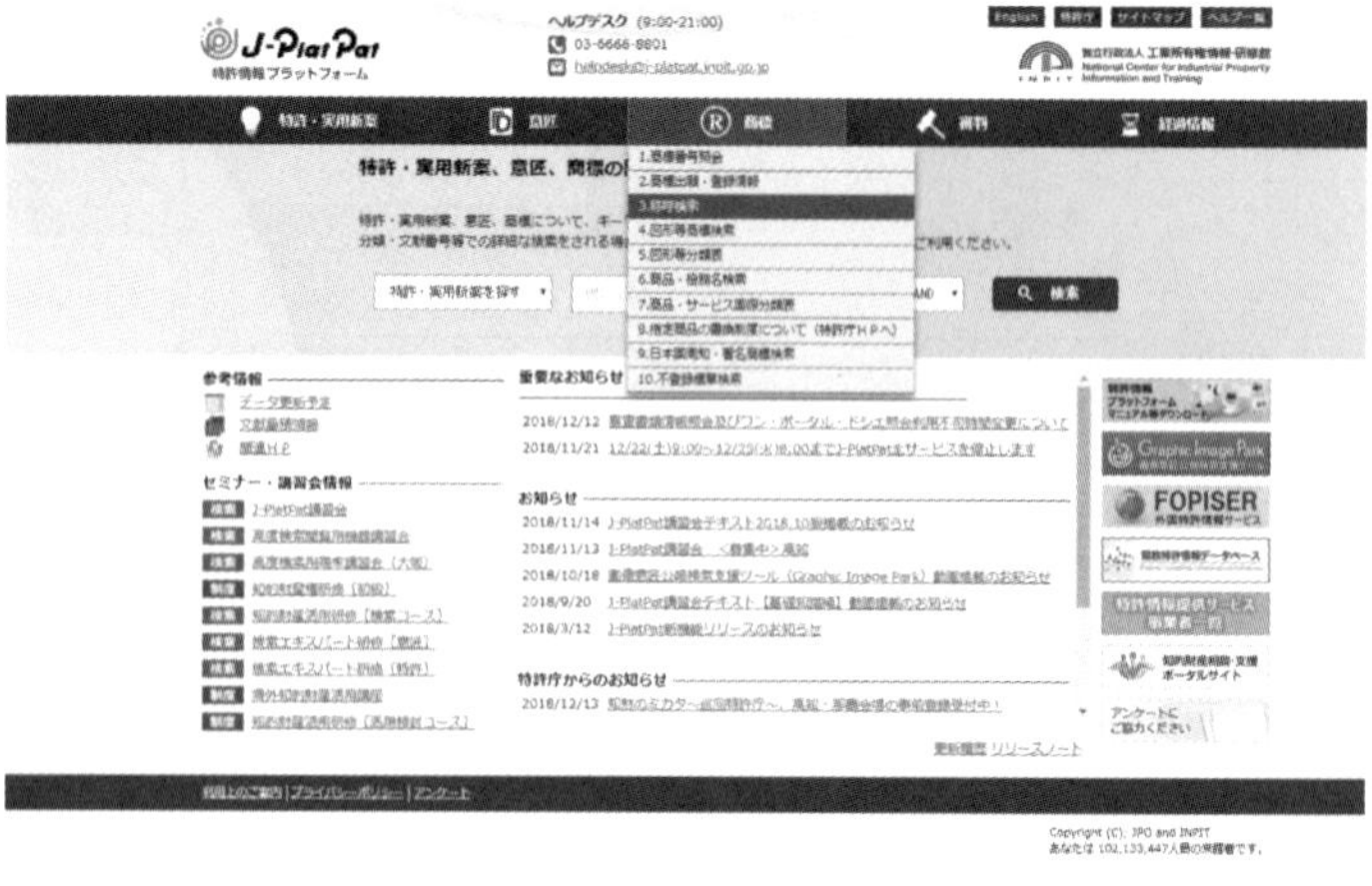

【図表 46　商標調査マニュアル③】

③　全角カタカナで検索（Ｆ７キーで一気に全角カタカナに変換できます）

【図表 47　商標調査マニュアル④】

④　検索結果が 1000 件を超えると、多過ぎて検索結果が表示されません。
区分や類似群コードを指定して調べなおします。
（例：第 1 類 or 類似群コード 35B01）

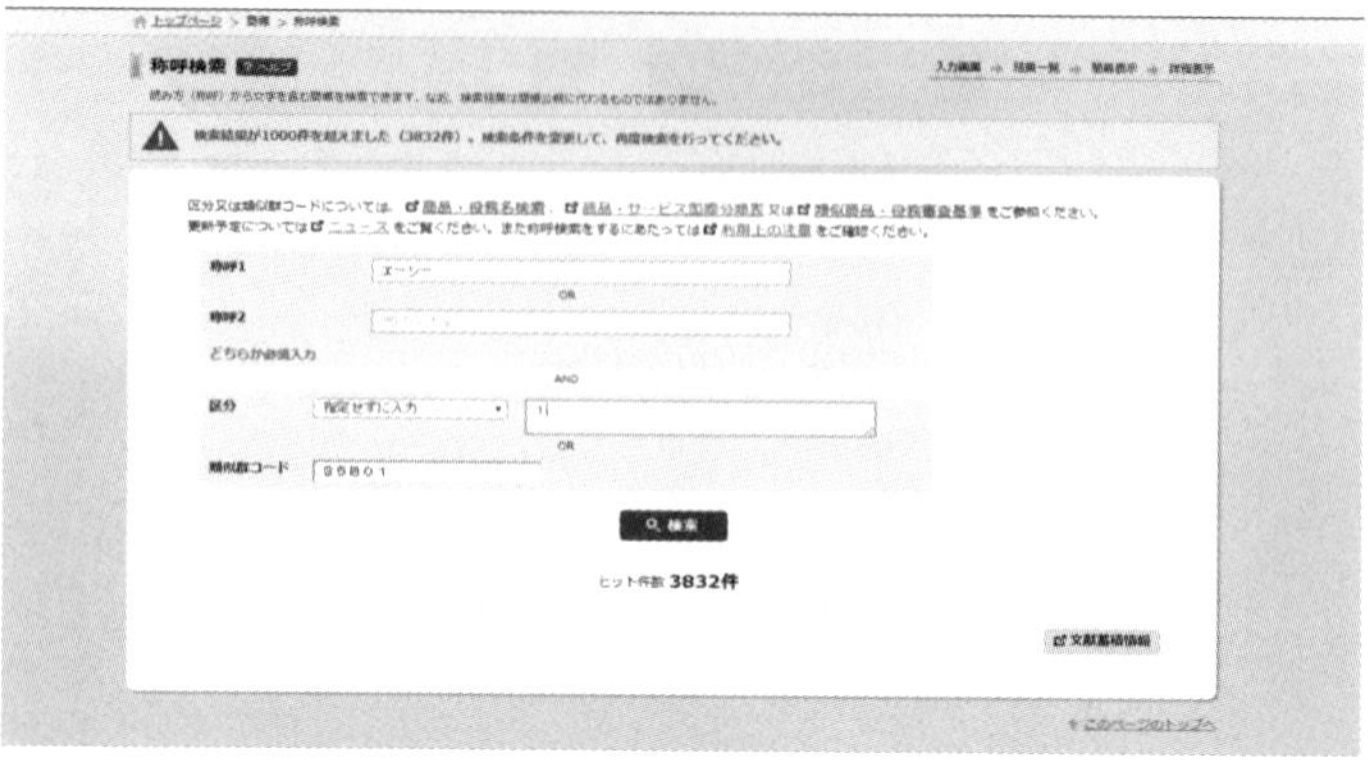


【図表 48　商標調査マニュアル⑤】

⑤　呼称検索画面の右下にある「文献蓄積情報」で、最新の商標の情報がいつのものかを見ることができます。

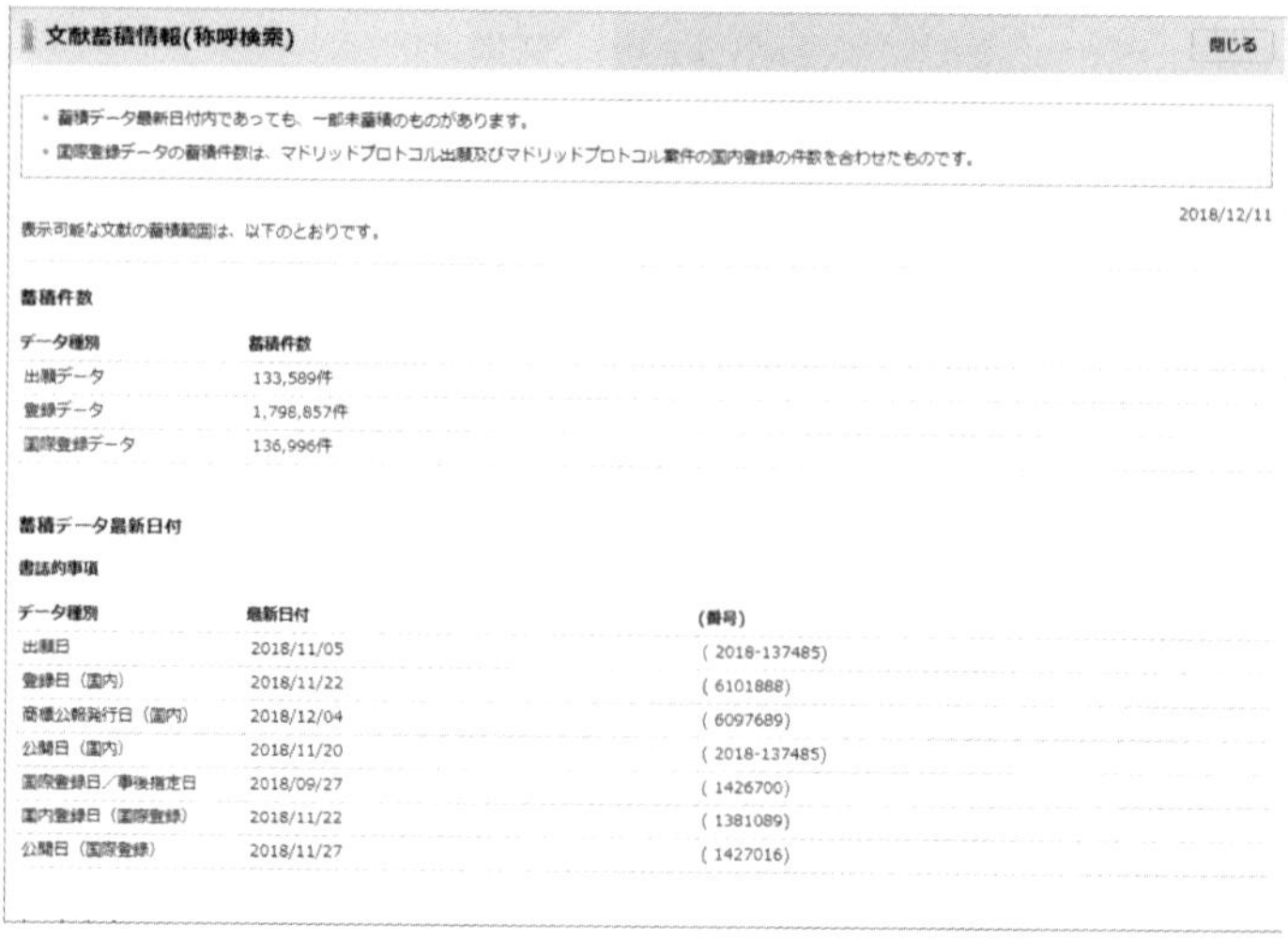

**文献蓄積情報(称呼検索)**　閉じる

- 蓄積データ最新日付内であっても、一部未蓄積のものがあります。
- 国際登録データの蓄積件数は、マドリッドプロトコル出願及びマドリッドプロトコル案件の国内登録の件数を合わせたものです。

2018/12/11

表示可能な文献の蓄積範囲は、以下のとおりです。

**蓄積件数**

| データ種別 | 蓄積件数 |
|---|---|
| 出願データ | 133,589件 |
| 登録データ | 1,798,857件 |
| 国際登録データ | 136,996件 |

**蓄積データ最新日付**

**書誌的事項**

| データ種別 | 最新日付 | (番号) |
|---|---|---|
| 出願日 | 2018/11/05 | ( 2018-137485) |
| 登録日（国内） | 2018/11/22 | ( 6101888) |
| 商標公報発行日（国内） | 2018/12/04 | ( 6097689) |
| 公開日（国内） | 2018/11/20 | ( 2018-137485) |
| 国際登録日／事後指定日 | 2018/09/27 | ( 1426700) |
| 国内登録日（国際登録） | 2018/11/22 | ( 1381089) |
| 公開日（国際登録） | 2018/11/27 | ( 1427016) |

# 第6章　商標権取得後の商標管理

# 1　商標権の管理

商標権は、登録後に、①権利期間の管理と、②一般名称化しないかの管理が必要になります。

### 権利期間の管理

商標権を発生させる際に、5年または10年の期間を指定して登録料を納付していますが、その期間が満了する前に、更新の手続をしなければ権利が消滅してしまいます。

気をつけなければならないのは、更新期限が近くなっても、特許庁からリマインドなどがないということです。そのため、更新時期を自分で管理しなければなりません。

更新期限については、J-platpatで自分の商標を検索することで、確認可能です。

期限管理については、ついつい忘れてしまうということもありますので、確実性を求めるのであれば、特許事務所に依頼をするということも選択肢になります。

### 一般名称化しないかの管理

商標は、登録後に、他人に使用されるのを放置すると、一般名称化する可能性があります。

一般名称化とは、登録になった商標がいろいろな人に一般的に使われてしまい、一般用語化した状態を指します。

一般名称化してしまうと、商標権を使って、他人の使用を中止させることができなくなるリスクがあります。

また、商標権そのものが取り消されてしまうリスクもあります。

例えば、「正露丸」、「巨峰」、「うどんすき」などは、登録商標でしたが、現在では一般名称化して、誰でも使える商標になってしまっています。

一般名称化しないようにするには、自分の商標が他人に無断で使用されていないかを管理することが重要になります。

もし、他人に使用されている場合は、警告状などを送り、すぐに使用を中止させていくことで、一般名称化することを防止できます。

そのために、他人に自分の商標が使用されていないかをインターネットなどで定期的にウオッチングすることが重要になります。

一般名称化することを防止することは、自社のブランドを守ることにもつながるため、登録後の権利の管理が重要になります。

また、こまめに他人の使用を中止させることで、インターネットで、登録商標の名称で検索した際に、自社のサイトを一番トップに表示させることができるなど、ＳＥＯ（検索エンジン最適化）の側面からの効果もあります。

## 2　ドメインの保護

### 他者によるドメイン名登録の抑制

起業したり、新しい商品・サービスを展開する際に、最初にやることとして、「ドメイン名の取得」が挙げられます。

ドメイン名の候補としては、ブランド名や事務所名が選択されることが多くあります。また、商品やサービスの販売サイトであれば、商品名やサービス名がドメイン名として採用されることが多いです。

一方で、取りたいドメイン名が、既に他人に取られているということも少なくありません。

「Trademark Clearinghouse(TMCH)」という、登録商標に関連するドメインを保護してくれるシステムを活用することで、他者によるドメイン名登録を抑制できるようになります。

### TMCH への登録

TMCH とは、商標を商標権者が登録することで、同じドメイン名を他者に取得されることを防止できるシステムです。

文字列としては、完全に一致しているものが、排除の対象となります。

また、前もって、TMCHに商標情報を登録していることが条件になります。

商標をTMCHに登録すると、SMDファイルが発行されます。

SMDファイルとは、商標権を根拠とした新ドメインの優先登録申請に必要となる認証コードです。

この、SMDファイルを、商標権者優先登録申請時に使用します。

TMCHに記録された商標権を侵害する可能性のあるドメイン名の申請が、商標権者優先登録期間終了後の一定期間内に行われた場合には、そのドメイン名を申告した者に対して商標権侵害の警告が行われます。

これによって、ドメイン名が他者に取られることを抑制できます。

TMCHへの商標登録については、申請ができるものとできないものとがあります。

申請できるのは、日本国内に登録された商標はもちろんですが、米国やEUなどの地域内で登録された商標についても対象となります。

一方で、文字列を含まない図形によるものや、地方・県・州・市などがすでに登録したもの、現在申請中のものなどを商標として申請することはできません。

また、日本語とローマ字が混合するものも対象外となります。

申請が可能なのは、商標の文字列と同様のものであり、TMCHに申請するドメイン名と商標の文字列は完全に一致することが条件となります。

例えば、商標文字列が「THP」の場合には、申請する文字列も同様にTHPであることが必要になります。

なお、ちなみに文字列にスペースやハイフンや特殊記号などが含まれる場合には、これらの削除やハイフンへの置き換えが認められます。

例えば、商標文字列が「T H P」の場合には、THPやT-H-PPへ置き換えての登録が可能です。

## まとめ

以前、弊事務所で権利取得をサポートさせていただいた「展示会営業」の事例については、この名称自体は、実は、商標権を取得した後も、様々な業者によって使用され、複数社から権利侵害がされているという状況でした。

「展示会営業」という名称が使われる事態をそのまま放置してしまうと、「正露丸」の事例のように一般名称化してしまい、商標登録を取り消されてしまう事態にもなり兼ねません。

そこで、「展示会営業」については、弊事務所から警告文を提供させていただき、商標権を侵害している会社のほとんどすべてに警告状を送りました。

結果、警告状を送った後には、「展示会営業」を使用した他社のサイトは消え、商標権者のサイトのみがヒットする状況となりました。

# あとがき

商標権を取得するための知識については、1冊の本ですべてを説明し尽くすことはできません。しかし、有効な商標権を取得するための一助に少しでもなればと思い、日々、中小企業・個人事業主の商標権の取得を行っている経験に基づき、紹介させていただきました。

商標権などの知的財産の重要性や、これらを会社経営に活用することは、日本の中小企業・個人事業主には、まだまだ浸透していないと感じています。

しかし、正しい知識に基づいて、これらを活用することで、自らのブランド価値を守れるようになり、安定してビジネスを継続可能になると信じています。

現在の大きな流れとしては、①大企業の時代から中小企業・個人事業主の時代　②正直・誠実に事業を行っている方が報われる時代　③グローバル化があると感じています。

そのような中、最近は、中国などの海外でビジネスを行いたいという声をいただいています。例えば、中国では、日本の山や湖の名称についてはほとんど商標権を取得されています。

「青森りんご」についても、中国で商標権を取られてしまっており、青森県が5年の歳月をかけて商標権を取り戻すという事件がありました。

商標権を適正に取得することで、その努力の結晶でもあるブランドが正当に守られ、努力した人間が正当に評価されます。本書がその一助になれば幸いです。

## 著者略歴

**原田　貴史**（はらだ　たかし）

弁理士。認定支援機関 中小機構国際化支援アドバイザー。

原田国際特許商標事務所 代表弁理士。

専門分野：ビジネスモデル特許・国際特許・商標。

福岡県北九州市出身。1979 年生まれ。

会津大学大学院コンピュータ理工学研究科情報システム学専攻・修了。

中小企業・個人事業主のブランドを徹底ガードする専門家。商標登録は早いもの勝ちであり、先に商品名・サービス名を使っていても、他者に商標権を取られたら、商品名・サービス名が使えなくなってしまう。 他者の商標権を侵害すると、損害賠償請求をされたり、懲役 10 年以下、罰金 1,000 万円以下またはこれらが併科される可能性がある。警告状が届いたなどの相談は日々寄せられおり、実際に、開業したばかりの社長が 2,000 万円の損害賠償請求をされたりといったケースが発生している。価値あるブランドとビジネス権利を守り、本来の価値が最大限評価される中小企業・個人事業主を 1 社でも増やすことがミッション。

お客様に言われて嬉しかったことは、「何名もの弁理士から取れないといわれていた商標が、原田さんのお陰で取得できました」。商標申請実績は、埼玉県で第 1 位の年間 300 件以上、商標登録率は 90% 以上を誇る。

原田国際特許商標事務所 HP　https://shohyo-shinsei.com



**必ず取れる商標権！**

**ー中小企業・個人事業主の商標登録ガイド**

2019 年 2 月 15 日 初版発行　　2023 年 4 月 19 日 第 5 刷発行

**著　者**　原田　貴史　© Takashi Harada
**発行人**　森　　忠順
**発行所**　株式会社 セルバ出版
〒 113-0034
東京都文京区湯島 1 丁目 12 番 6 号 高関ビル 5 B
☎ 03（5812）1178　　FAX 03（5812）1188
http://www.seluba.co.jp/
**発　売**　株式会社 三省堂書店／創英社
〒 101-0051
東京都千代田区神田神保町 1 丁目 1 番地
☎ 03（3291）2295　　FAX 03（3292）7687

**印刷・製本**　株式会社 丸井工文社





Printed in JAPAN
ISBN978-4-86367-474-5